国家出版基金项目
教育部人文社科重大委托项目
世界女子高等教育及大学女校长研究

世界大学女校长◆女子大学丛书

国家出版基金项目
NATIONAL PUBLICATION FOUNDATION

世界大学女校长◆女子大学丛书
Series on World Women University Presidents & Women's Universities

MARVALENE HUGHES

玛维琳娜·秀茨

美国迪拉德大学校长

韩运荣 戴 宏 著

中国传媒大学出版社
Communication University of China Press

总 序

百年大计，教育为本。世界各国的经验表明，强国梦必须有科教梦做支撑。科教兴国，是中国的基本国策，是从教育大国到教育强国、从人口大国到人力资源强国的必由之路。高等教育处于教育体系的顶端，是联结科技与教育的重要桥梁。衡量一个国家科技和教育水平的高低，在很大程度上要看这个国家高等教育的水平。

回顾大学的发展历史，我们不难发现，一所大学办学质量的高低，往往取决于校长的水平。世界著名大学发展的每个重要阶段，都铭刻着大学校长的办学理念和思想，正如艾略特之于哈佛大学，蔡元培之于北京大学，梅贻琦之于清华大学。研究大学校长的办学理念和思想，是管窥一所大学兴衰成败的途径，而专门研究大学女校长，则独辟蹊径，别开生面。

中国现代教育史上，大学校长虽以男性居多，然而成就卓著的女校长也不乏其人。她们推动了大学的变革，丰富了大学的精神内涵，如金陵女子大学老校长吴贻芳，复旦大学前校长谢希德，东南大学前校长韦钰，同济大学前校长吴启迪，等等。女校长人数虽然屈指可数，但其业绩丝毫不逊于男性同行。大学女校长为高等教育的发展注入了活力，做出了贡献。大学女校长的治校理念、办学风格乃至传奇的职业生涯，确实值得深入研究和细致品味。

女子大学是高等院校序列中的一种特有形式，为世界高等教育的发展做出了重要贡献。著名的女子大学，如韦尔斯利学院、史密斯学院、淑明女子大学、日本女子大学、御茶之水女子大学，以及中国历史上的金陵女子大学、北京女子师范大学、华南女子大学等，都写下了光辉的篇章，是世界高等教育的重要组成部分。研究世界各国女子大学，总结提炼女子高等教育的办学经验和人才培养模式，探索现代女性接受高等教育的多样化形式，对于寻求符合女性特质的教育理念和教育方法，应该说是一种有益的尝试。

由中国传媒大学承担的教育部重大委托项目——“完善中国现代大学制度视域中世界女子高等教育及大学女校长群体研究”课题，对以上两个领域进行了系统深入的研究。“世界大学女校长·女子大学”丛书，就是这一课题的主要成果。这套丛书分为四个系列：女子高等教育系列，考察全球女子高等教育的发展轨迹，呈现其办学传统和教育特色；中外大学女校长个案研究系列，以人物传记的形式深度追踪大学女校长的人生经历，剖析她们的成长历程、心智历练、办学理念和治校方略；女校长群体研究系列，群像式描绘某一国家或地区的大学女校长群体，彰显女校长个性的同时，探寻她们的共性；“世界大学女校长论坛”图文集锦系列，汇集展示了大学女校长在历届论坛上的真知灼见和绚丽风采。四个系列，四十余本，蔚为大观。

“世界大学女校长·女子大学”丛书，也是“世界大学女校长论坛”历时十三年深入研究高等教育及女性培养结出的硕果，是深化论坛主旨、促进女性事业和教育事业发展的学术行动。丛书的写作，依托“论坛”这一平台，深度访谈和研究了参加历届论坛的大学女校长，系统整理了多年积累的学术成果，可以说，“论坛”既是女校长们交流合作的舞台，也是本套丛书得以出版的重要基础。

自1995年北京第四届世界妇女大会召开以来，世界妇女运动取得了长足的进展，性别平等的高端主题——女性领导力，也已经是全球关注的议题，与女性学相关的课程在中国高校已经四处开花。今天，有识之士都深刻认识到，女性在社会各个领域的创造力和领导力，是推动社会全面发展的动力之一，也是人类文明进步的重要标尺。“世界大学女校长·女子大学”丛书，对于提升女性领导力，具有重要的参考价值，对于知识女性的成长具有积极的引导意义。

大学女校长是高等教育、女性、领导力的集结点，是知识女性的杰出代表，是自尊、自信、自立、自强的典型，她们不但为高等教育的发展做出了应有的贡献，更以自己坚韧顽强、宽厚包容、无私奉献的品质与情怀，阐释了女性领导力的独特内涵。对于广大女性来说，她们是教育典范和女性楷模，具有榜样的力量和示范的价值，定能引领青年女性沿着正确的道路勇敢前行。

女性的发展，既需要社会各方面的支持，更需要女性自身具备积极进取的意志和宽广博大的胸怀。希望丛书的研究成果能产生广泛和深远的影响，为女性高等教育提供宝贵借鉴，为精英女性的成长与成功给予智力支持；促进全社会更加重视女性平等的教育接受权和职业发展权；激励正在为打破“玻璃天花板”而奋斗的新一代女性，为女性领导力的培育与提高奠定坚实基础。

是为序。

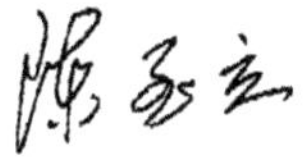

2014年7月

前 言

我在中国传媒大学工作近五十年，其中有三十多年在学校领导岗位上任职。这些经历让我有更多的机会体悟、思考女性接受高等教育的重要、女性走向领导岗位的不易。

早在1996年，我即萌生组织世界各国为数不多的大学女校长进行交流合作的想法，但当时忙于学校的学科建设和转型，这一想法被搁置下来。直到2001年，在诸多同事的帮助下，我才将这一构想变成现实，召开了大学女校长“新世纪高等教育发展战略国际论坛”。此后论坛每隔两至三年举办一次。2006年，论坛挂靠中国教育国际交流协会,组建了世界大学女校长论坛组委会，负责论坛的筹划、组织工作；2009年，在江苏有关部门的关心和支持下，成立了江苏中外大学女校长教育发展基金会，为论坛筹集资金。迄今，世界大学女校长论坛已在中国北京、南京、厦门举办五届，并在新西兰、日本、美国、土耳其、津巴布韦和墨西哥等地召开六次分论坛，吸引了79个国家的800余人次大学女校长。

十年来，在与各国大学女校长的交流互动中，我深刻地感受到，女性在高等教育领域作为决策者和领军者可谓凤毛麟角,其人生历练和办学实践值得浓墨重书。翻阅每位女校长的简历、细读她们给论坛提交的论文，总能激起我发自内心的共鸣，赞佩她们的治校理念、管理智慧和人格魅力。每一位女校长都拥有鲜为人知的心路历程、卓尔不凡的领导能力与永载史册的辉煌业绩。

我的一位好友、著名女性传记作家赵凤翔教授曾说："女人要写女人。"这给了我很大启发——女校长要研究女校长。追溯大学女校长成长、成才、成功的道路，总结女性领导力的形成规律和独特优势，开展大学女校长及女性领导力研究，出版相关研究成果，就成为"世界大学女校长论坛"活动的自然延伸。

2010年，我们筹划设立了"完善中国现代大学制度视域中世界女子高等教育及大学女校长研究"课题，组织来自中国传媒大学等单位80余人的研究团队，选定34个国家80余位大学女校长，进行个案研究和群像描绘；对23个国家的女子大学进行历史梳理与全面考察。2011年，这一课题获得教育部人文社科重大委托项目立项；2013年，由该课题主要研究成果结集而成的"世界大学女校长·女子大学"丛书，获得国家出版基金资助。

这套丛书由四个系列组成，具有三个鲜明特点。四个系列：女子高等教育系列、中外大学女校长个案研究系列、女校长群体研究系列和"世界大学女校长论坛"图文集锦系列。三个特点：一是全景式描述。丛书对世界范围内大学女校长及女子高等教育，首次进行比较全面的观照和挖掘。女校长研究既有共性的揭示与比较，又有个性的剖析与呈现；女子高等教育研究既有全球视野的巡礼，又有具体国别的探究。二是人物传记式的写作方法。丛书以访谈当事人、发掘第一手资料为基础，研究和写作的过程力求再现传主的人生轨迹、突出其办学理念和治校业绩。三是可读性强。传主的真知和作者的匠心历历可见，读者能够在图文并茂中感受到智慧和灵感的融会。

这套丛书是对女性通过教育追求真善美、通过自身努力彰显智仁勇的真实颂扬。著名女作家冰心曾说：这个世界如果没有女人，就会失去十分之五的真、十分之六的善、十分之七的美。女性不仅是真善美的化身，也应是智仁勇的写照。阅读这套丛书，我们可以了解到，女性如何通过交流互鉴，凝聚智慧、取得共识；体认困境，直面现实、自立自强；付诸行动，同心同力、坚持不懈。

这套丛书是对“女性是改造世界的温柔力量”的生动诠释。置身于男性居主导地位的社会管理体系中，女性要取得成功，需要充分展现女性特质，发挥女性优势，要以女性特有的视角观察、思考、解决问题。阅读这套丛书，我们可以看到女校长们如何在战略决策上，高瞻远瞩，运筹帷幄，引领未来；在具体工作中，体贴入微、心系师生，用愿景激励师生，用行动示范师生，用厚德包容之心协理校务；在领导风格上，追求完美和精致，重视以人为本，在管理中实现个人的发展与事业发展的契合。

这套丛书是对高等教育及大学女校长社会价值的全面展示。众所周知，高等教育是形塑社会结构及价值体系的重要载体，大学校长是具有社会象征、示范和引导意义的特殊群体。女性接受高等教育、女性担任大学校长，在改变高等教育生态的同时，也在潜移默化地影响着社会结构变迁、家庭角色分工、社会责任担当、时代价值导向。阅读这套丛书，我们可以看到女子高等教育和大学女校长的发展历程，正是社会不断进步、两性趋于平等的见证，而她们成长的艰辛和不易，也呼吁现代社会迈向更加平等、公正、和谐的完善之路。

从书已然油墨飘香，感激的话语也充溢心头。感谢江苏中外大学女校长教育发展基金会为项目提供启动经费，感谢教育部将此课题列为人文社科重大委托项目，感谢国家新闻出版广电总局提供国家出版基金资助。特别感谢十一届全国人大常委会副委员长、第十届全国妇联主席陈至立女士担任项目和丛书的总顾问，并欣然作序。

感谢这套丛书的传主、作者和编审们。他们在繁忙的本职工作之余见缝插针，千方百计，保证了任务圆满完成。传主们倾力支持、积极配合；作者们夜以继日，数易其稿；编审们孜孜不倦，精益求精。这种认真负责的精神，令人感叹。课题跨越四载，屡遭挫折，历尽艰辛，常常使我们困扰于“山重水复疑无路”，而殚精竭虑之后的新意迭出，又使我们惊喜于“柳暗花明又一村”。我相信，不久的将来，作者之中定会有著名的传记作家、女性研究专家脱颖而出。

感谢中国传媒大学文科科研处、出版社，为项目的完成和丛书的出版提供了有力保障。丛书煌煌五十本，从策划、组织、申报、撰写到编辑、装帧，学校教师及出版社职工都是主力军，都是可靠、堪用、高效的突击队。如今项目和丛书按期完成、保质保量出版，我要向他们衷心致谢！

任何一项事业，都是“一人启其端，百人扬其华”。我只是一个组织者、牵线者，项目得以完结、丛书得以问世，应归功于各位热心的支持者、参与者。让每一位年轻的女性都能自由地筑梦、勇敢地追梦、幸福地圆梦，是我最乐意为之奔忙的事业。我们期待，有更多的有识之士能参与到这一有意义的工作中来。

刘继南

2014年7月于北京

玛维琳娜·秀茨

1937年出生，1958年考入塔斯基吉大学，先后获得英语历史学士学位和硕士学位，1970年在佛罗里达州立大学获得咨询管理学博士学位。曾到哈佛大学、纽约大学和哥伦比亚大学做博士后。1971年至1993年，先后在圣迭戈州立大学、亚利桑那州立大学、明尼苏达大学双城分校担任高层管理和教学工作；1994年至2005年，任加州大学斯坦尼斯洛斯分校校长。2005年至2011年，任迪拉德大学校长。

Dr. Marvalene Hughes was born in 1937, studied at Tuskegee University in 1958, and earned her bachelor's degree and master's degree in English history. She received his Ph.D. in administration in 1970 at Florida State University, then she has pursued post-doctoral study at Harvard University, New York University and Columbia University. From 1971 to 1993, she served as senior leadership and teaching at San Diego State University, Arizona State University, University of Minnesota, Twin Cities; from 1994 to 2005, Dr. Hughes served as president of California State University Stanislaus; Dr. Hughes began her tenure as the president of Dillard University from 2005 to 2011.

目 录

引 子

2010年5月初，笔者随同中国传媒大学代表团赴美国新奥尔良参加迪拉德大学校庆。短短几日，我充分领略了迪拉德大学自由奔放的校园气氛，而与玛维琳娜·秀茨（Marvalene Hughes）校长的相识，则更让人久久难忘。

在欢迎晚宴上，她艳丽的服装；在毕业音乐会上，她蓬勃的热情；在家庭宴会上，她温柔的目光……

秀茨女士，作为一名享誉美国的黑人女校长，此时已年届八十，而她浑身散发出的魅力却魔力般地吸引着我，让我禁不住想走近她、读懂她……

玛维琳娜·秀茨是一位出生在美利坚合众国的非裔女性。在早年的成长时期，即20世纪前半叶，根据当时的美国法律，非裔女性被剥夺很多平等权利。其实，更普遍的事实是，女性是二等公民，她们被拒绝进入领导岗位，不论在哪个领域，抑或在政治、宗教仪式等方面，人们都会觉得女性就该“站在她们应该站的位置上”，甚至许多家庭都是建立在这一错误观念的基础之上。

虽然美国的《独立宣言》有言:“我们认为下面这些真理是不言而喻的:造物者创造了平等的个人,并赋予他们若干不可剥夺的权利,其中包括生命权、自由权和追求幸福的权利”,但法律、民间信仰和历史传统比某种国家口号更占优势。

作为非裔美国女性的秀茨,身处双重逆境,却在她的人生中赢得了美国历史上诸多第一头衔,如佛罗里达州立大学第一位黑人博士,加州州立大学斯坦尼斯洛斯分校和迪拉德大学第一位女校长,教育界第一位黑人妇女领袖,2005年美国高等教育十大杰出黑人女性之一……可以想见,秀茨拥有怎样不平凡的充满传奇色彩的一生。

面对这些荣誉,秀茨却如此定位自己:“我是一位女性,一位非裔美国女性,一位受过高等教育的非裔女性;我还是一个人类权益的提倡者,平等的拥护者。”“在我的一生之中,我选择把我的毕生精力用于追求和维护社会平等,这种平等不分性别、民族、宗教信仰、政治倾向,也无惧于任何其他分离主义的权力分隔。这就是我,我愿将我的一生奉献给追求世界平等的事业。”

事实上,与秀茨身边的人交谈,你还会听到很多秀茨的另一面,比如“秀茨是一位虔诚的基督徒,坚持吃素”;“秀茨是一位注重亲情的人”;“你也许很少看见秀茨与行政人员合影,但你能经常看到秀茨和学生们的留影,秀茨是一个非常爱学生的人”;“我从来没见秀茨发过火,但对欺上瞒下的员工,会立即辞退”;“她对员工非常严格、认真,对于已经用过的照片记忆清楚”;“秀茨注重健身”……作为一位杰出的黑人女性,秀茨的成就是不平凡的,她对学生的爱是坦荡的,又是丰富的;她外表是温柔的,但她内心又是充满力量的。她如同一朵怒放的黑玫瑰,美丽着、芬芳着,为人们所眷恋着……

童年里，那不平凡的爱

我相信我的父母，我不仅信任他们，而且以他们为荣。他们告诉我，我跟别人是平等的，不要觉得自己低人一等。

——玛维琳娜·秀茨

亚拉巴马州是美国南部黑人聚集区，历史上有很多著名的黑人从这里走出去，远的有倡导黑人权益的马丁·路德·金，近的有美国前国务卿赖斯。而本书的主人公是从亚拉巴马州走向世界的又一杰出美国黑人女性——玛维琳娜·秀茨。

1937年12月8日，秀茨出生在美国南部种族隔离气氛浓厚的亚拉巴马州一个笃信基督教的黑人农场主家庭。虔诚、浓郁的宗教氛围不仅令其享有重视教育的家庭环境，而且奠定了她一生的信仰。

生活赋予秀茨一个充满欢乐、悲伤、失望、幸福和痛苦的世界，所有这些经历成就了今天的秀茨。当秀茨在亚拉巴马州南部居住的时候，她从克服合法的种族隔离当中学到了很多。

亚拉巴马——黑人的故乡

非裔美国人是移民到美国的非洲人。黑人是美国最主要的有色人种，人口数量仅次于白人，约占全国人口的12%。[①]根据2000年人口大普查，在亚拉巴马州居民的祖先中，非裔美国人最多（26%），其次是美国人（17%）、英国人（7.8%）、爱尔兰人（7.7%）和德国人（5.7%）。

亚拉巴马州位于美国东南部，南邻佛罗里达州，濒墨西哥湾。[②]亚拉巴马州的箴言是“我们敢于保卫自己的权利”（We Dare Defend Our Rights），十六街上矗立的浸信教堂、凯利英格拉姆公园（Kelly Ingram Park）及民权会馆（Civil Rights Institute）则默默地诉说着美国黑人在亚拉巴马州这片土地上争取民权的历史和荣耀……

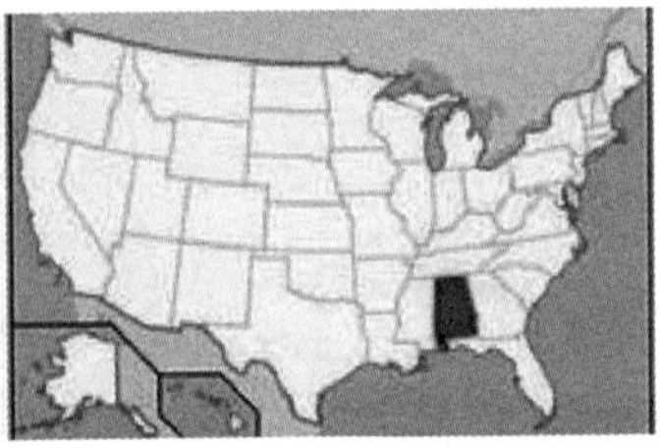

不仅秀茨出生在亚拉巴马州，她的父母乃至她的祖父母也生活在这里。但事实上，秀茨的血统有部分非洲黑人血统，部分欧洲白人血统，还有部分美洲印第安人血统。

秀茨的家乡尤托镇（Eutaw）位于亚拉巴马州的中部偏西部，

---

① 《美国自开国到21世纪的黑人奋斗史》，洛杉矶华人论坛，2008/11/06，6:29 pm

② 1819年成为美国第22个州。

尤托镇为亚拉巴马州格林县（Greene County）的县府所在地。

格林县的由来可追溯到18世纪。1781年，在南卡罗来纳（South Carolina）的尤托斯普林斯(Eutaw Springs)发生了一场战争。这场战争中，纳撒内尔·格林将军(General Nathaniel Greene)带领土著人打败了英国人。后来，该地被命名为格林。1838年，根据格林县的居民投票，将该县县府的所在地从伊利（Erie）改为尤托，并于1841年1月2日通过了州立法议案。“尤托”源于印第安语，意为“高地人”或者“大山的居民”。

尤托镇的独特性在于，它是通往美国南部“黑土带”（Black Belt）的门户，这里土地肥沃，是美洲最好的棉花种植带。[①] 得天独厚的地理环境，吸引着不同种族移民交汇在这里，包括土著人——印第安人、后来的欧洲移民和非洲黑人奴隶。秀茨的祖先就是在早期的移民潮中来到这里的。

16、17世纪是一个黄金时代，随着新大陆的发现，欧洲移民的先行者西班牙人和葡萄牙人到美洲，最早殖民于所谓的拉丁美洲，这里主要聚集着美洲的印第安人。那个时代的地图绘制者大多是一流的艺术家，同时也是非常卓越的科学家，对南美洲的部分地区，他们绘制的精确度非常高，但在北美洲广袤的土地上，他们只是简简单单地写下了这么一行字：“毫无价值的土地。”[②]但随着利用印第安人拓殖，欧洲的殖民者也逐步开始向美国南部的“黑土带”上迁移。

---

① “Black Belt”，原指亚拉巴马州适合种植棉花的黑土带，如今一般被理解为黑人地带——黑人人口比例较高的地区。

② 〔美〕威廉·亨德里克·房龙：《美国史纲》，尹继武译，陕西师范大学出版社2006年版，第43页。

最初，踏上北美洲的绝大多数移民来自西北欧的英国人和法国人，尤其在1890年以前。1890年以后，只有近1/3的移民来自西北欧，其余2/3的移民来自东欧和南欧。[①]

大量的欧洲移民抵达费城以后，落脚于北美洲的东海岸，数十年之后，也就是在18世纪末，东海岸的移民开始内迁。经大马车路（Great Wagon Road）向西、西南经阿帕拉契谷地进入阿帕拉契高原，这些移民逐渐散布在阿帕拉契山区。在阿帕拉契山脚落脚后，穿越山脉和高原并继续向西推进，到达密西西比河谷中上游地带，即美国南部的“黑土带”。

这些移民在有印第安人出没的地区建立定居点，并在比较安全的地方以家族为单位居住，由此，早在1750年“黑土带”已经成为白人的定居范围，他们在此以小规模种植业、畜牧业和狩猎为生，很少形成市镇，至今，这里的大部分地区仍然具有乡郊的特征。

秀茨的白人血统来自母亲这一方，其母亲的祖上来自高加索，秀茨母亲家族的白人祖先随19世纪后半期这批移民潮涌入北美洲，并内迁至美国南部。

美国南部历史上一般与棉花联结起来。南部以种植园为单位，以棉花、稻米、糖等农作物为主，并使用来自非洲的奴隶耕作。美国黑人历史可追溯到16世纪美洲沦为欧洲殖民地的时期。16—19世纪，欧洲殖民者从非洲劫运大批黑人奴隶到美洲，其中半数以上运入今美国境内，主要在南部诸州做苦力，深受白人种族主义者的剥

① 〔美〕斯塔夫里阿诺斯：《全球通史——1500年以后的世界》，吴象婴、梁赤民译，上海社会科学出版社1999年版，第521—522页。

削和虐待。[1]

美国自1776年建国，就一直笼罩着奴隶制阴影，白人是奴隶主，黑人是遭受压迫的奴隶。开国先贤如华盛顿、杰斐逊等都是蓄奴者。近百年后，林肯总统为了解放黑奴不惜与南方白人同胞血腥一战。

1861—1865年南北战争期间，许多黑人被其主人解放为自由人，然而，还有许多黑人被当作奴隶在南方的大农场中劳作。内战后，奴隶制度被宣布为违反宪法，这只是黑人为追求平等权利所迈出的第一步，因为黑人仍受种族歧视和压迫，种族隔离政策使美国黑人在政治、经济等多个方面很难享受到与白人相同的待遇。

当时，美国每五所公立学校就有两所要么全是白人的孩子，要么全是黑人的孩子。美国法律规定所有公立学校一律平等，但是多数城市并没有这么做，白人孩子的学校几乎都要比黑人孩子的学校好得多，这种情形在南部各州最为严重。[2]南北内战后的一百年里，美国黑人还是生活在种族隔离政策的巨大阴影下，黑人的财富增长缓慢，在第二次世界大战前，广泛的要求民权的行动并没有真正开始。

1896年，美国最高法院在“普莱西控告弗格森”一案的判决中确立了“分开，但平等”的原则，为在美国公立学校歧视黑人确定了教育方针。除此之外，美国的黑人几乎在所有的公共场合必须遵守黑人白人隔离制度：在洗手间里，洗手盆的上方贴着“白色”和“有色”的标志，黑人只能在“有色”标志下的洗手盆里洗手；在公共

---

① 百度百科，亚拉巴马州。

② “Rights Movement: In the 1960s, a Struggle for Equality Spreads in the US”, By Jerilyn Watson /Broadcast date: Thursday, April 19, 2007Source: http://www.unsv.com/voanews/specialenglish/.

汽车上，黑人不能占有座位；在路上，黑人不能与白人并肩而行……《光荣与梦想》的作者曼彻斯特在他的书中承认，“当时黑人在美国社会的生活主流中仍然不算是人”。①

但是，即使在种族隔离的背景下，还是有不同凡响的事情发生了。秀茨的外祖母，一位黑人奴隶的女儿，嫁给了当地一位开明的白人，因为外祖母的父亲是这家白人的黑奴。后来，外祖母育有两儿两女，小女就是秀茨的母亲艾伯塔（Alverta）。

由于秀茨母亲家族的白人血统，艾伯塔和她的姊妹们的白人血统特征都很明显，从外表上几乎看不到黑人的特征。在种族隔离时期的亚拉巴马，这种肤色的优势还是给她带来过很多的方便。

秀茨的母亲艾伯塔（Alverta）（左二）儿时依偎在妈妈身边

① http://www.xici.net/d13204616.htm.

年轻的艾伯塔出落得典雅、贤淑，但骨子里却涌动着不羁。一天傍晚时分，艾伯塔与伙伴们驾车兜风，乘兴之余，超速行驶。当意识到超速时，艾伯塔发现警察已盯上了自己，一想到可能的后果，艾伯塔加大了油门，试图驾车逃之夭夭。但遗憾的是，最终还是被这位锲而不舍的警察追了上来。艾伯塔心怀忐忑，接受了检查，但令艾伯塔倍感意外的是，这位警察先生只是上下打量了她一番，说了几句劝告的话，随即给她开了一张警示单。但艾伯塔心里明白，他应该开的是罚单！哦，警察以为自己是白人。其实，不仅仅是由于母亲艾伯塔长着白皙的皮肤、浅色的头发，关键是她得体的举止所流露出的高贵气质。警察觉得这是一位年轻高雅的女士，并没有将她跟黑人联系在一起，而白人在当时是受到礼遇的。

秀茨的祖父——一位成功的黑人农场主

如果说，与白人联姻在一定程度上改变了秀茨母亲家的境遇，而秀茨父亲的家族因纯粹的黑人血统就得完全依靠自我奋斗了，而这种自我奋斗的成果在秀茨祖父这一代得到了彰显。

秀茨的祖父查尔斯（Charles Hendrix Hughes，1878年10月8日至1960年1月1日）出生于亚拉巴马州格林县愉悦岭（Pleasant Ridge）社区的一个黑人奴隶家庭，他出生在这里并在此终其一生。查尔斯有18个孩子，他是一位非常成功的黑人农场主。

查尔斯不仅身体魁梧健硕，而且头脑精明，最大的嗜好就是从事农作。当年在亚拉巴马州尤托镇，只有少数黑人学会务农并较早

秀茨的母亲艾伯塔（16岁）

地发现“种植一块好土地能够得到回报”，查尔斯即是其中之一。尽管母亲极力反对，查尔斯还是较早地买下了一个小农场。在母亲看来，查尔斯所买的土地价格太昂贵了，而对查尔斯而言，价格高并不是最重要的，关键是要确保这笔买卖物有所值，好土地会有高回报的。果不其然，后来，在查尔斯的精心经营下，查尔斯不仅拥有了亚拉巴马州最好的一块儿土地，而且让他的农场扩大到1100英亩。

查尔斯的成功得益于他的苦心经营，更得益于他的远见卓识。农业种植的成功确实大部分源于土地的质量，而他的农场占据了美国南部“黑土带”的有利位置，这保证了农场丰厚、可靠的收入回报。不仅如此，在这块儿令人艳羡的土地上，查尔斯还树立了多种经营的成功典范。

以20世纪50年代为例。1944年，83亩地收获了87包棉花，66亩地收获了2000蒲式耳（注：一蒲式耳=36.268升）玉米。为了让农场保持高产，精明的查尔斯还种植冬季覆盖作物，比如1945年种植了2250磅野豌豆和3000磅奥地利冬季豌豆。

另外，农场中还有亚拉巴马州最好的一个采砾坑，每年这个采砾坑的砾石可以卖到大约600美元；他的农场还是罕见的优质木材种植地之一，有人曾为此出价5000美元购买，但他拒绝了。

从收入的角度来看，仅仅棉花作物收入的9000美元和卖家畜的1925美元就让查尔斯加入了亚拉巴马州拥有11000美元收入的顶级农民行列。

无疑，查尔斯是位成功的农场主。查尔斯曾经四次被塔斯基吉

秀茨的祖父查尔斯

学院的农场主协会（Tuskegee Institute's[①] Farmers Conference）授予杰出“黑人农场主”称号。20世纪40年代，又被塔斯基吉学院授予亚拉巴马成功的黑人之一，他还曾被亚拉巴马州的出版物《亚拉巴马黑人报》（*Alabama Negro*）报道过。[②]

虽然在农场劳作是查尔斯的主要营生，但他还热衷于社会活动。他是皇家殡仪馆（the Royal Funeral Home）的合伙人，还是格林县商会的创始人之一。查尔斯在公民事务中也非常活跃，是早期格林县三位黑人登记选民之一，他从未错过一场选举投票。查尔斯笃信宗教，是希洛基督教卫理公会教堂的成员，他曾在该教堂任地方官员、民政事务专员以及联络员，他的成就鼓励了格林县和皮肯斯县的很多人。

由于当时美国南部的种族隔离和种族歧视，不仅格林县，整个美国南部的黑人根本就没有接受教育的机会，所以，查尔斯也跟正规教育无缘，但查尔斯与别人不同的是，他通过旅行和阅读自学了很多知识。在他的家里总会有一份日报、两份月刊，如《格林县民主报》（*the Greene County Democrat*）、《亚拉巴马市民报》（*Alabama Citizen*），偶尔也会订一份《彼茨博格快递》（*the Pittsburg Courier*）。

查尔斯的18个孩子中，5个男孩，13个女孩，所有的孩子在13—18岁之间都接受了教育，多数都读过大学，至少也读完了高中。他对教育的兴趣如此之大，以至于他后来在愉悦岭社区的夏伊洛

① 即现在的 Tuskegee University，亚拉巴马州的塔斯基吉大学。

② 由当时的海湾通讯者出版公司（A publication by the Gulf Informer Publishing Company）出版。

（Shiloh）建立了一所初中，不仅如此，他还担任米莱（Mile）大学的董事会成员有30年之久。后来，孩子们也多在学校里教书。一个女儿还曾服务于陆军妇女队。由此可见，查尔斯是一位非常开明的父亲。

秀茨的父亲和母亲

秀茨的父亲贾奇（Judge Hudges）、母亲艾伯塔（Alverta）在19世纪80年代相识并结婚。他们都非常慈悲慷慨，竭尽全力去帮助需要帮助的人，因此，心地善良的父母不仅为儿女所依赖敬重，在整个社区都很有影响力。

贾奇是祖父查尔斯比较大的儿子，他结婚较早，不仅继承父业，而且秉承了老查尔斯的很多特性，比如勤劳、精明，还比当地农民的思想意识前卫，率先使用了拖拉机从事农耕，这样就大大提高了他的农作效率。

贾奇只有中学文化水平，但他非常勤劳，每日都精力充沛，总是一副野心勃勃的样子。他确信自己能做普通人不能做的事情。的确，他总是比他周围的任何一个人都努力，他做的事情往往超出了一般人的想法和能力，不仅会干农活，还擅长开卡车。他一面种植农场，经销木材，还一面把部分土地租赁给其他农户收取租金。

贾奇很有生意头脑，经常开着卡车到各家各户收牛奶，再把牛奶拉到塔斯卡卢萨（Tuscaloosa，美国亚拉巴马州西部城市）卖给当地的冰淇淋厂。不仅如此，他头脑非常聪明，算数异常神速，即使是非常复杂的算术题，他的计算速度也不亚于计算器，不过那个时

秀茨的父亲贾奇和母亲艾伯塔

候也没有计算器。秀茨弟弟赫尔曼（Herman）后来成为数学博士，人们都说，弟弟继承了父亲的算数能力。

由于父亲非常精明，弟弟赫尔曼也愿意在做重大抉择时听取父亲的意见，即使成年以后依然如此。当年，赫尔曼获得博士学位后，对于未来的走向，心里还是颇多疑惑，于是他返回了家乡。

多年以后，赫尔曼还能依稀记得，就是在家乡老屋的餐厅里，晚饭后父子进行了促膝长谈。在柔和的灯光下，赫尔曼向父亲坦言想回到南部家乡的心思，贾奇认真地听着，他的目光是如此的慈祥。“亲爱的赫尔曼，”贾奇的语气虽然慈爱，但却清晰地透露出冷静，“如今，你已接受了足够多的教育，接受了太多的专业训练，你已足够精明了，已经不适合在原地踏步，你需要超越自己……”

也正是父亲的这番话，让赫尔曼幡然醒悟，他意识到了自己的方向。在一番考量之后，赫尔曼毅然奔赴密歇根州，在密歇根州立大学潜心从事工程专业教学科研，一干就是32年，并获得了骄人的成绩，直到退休……当暮年时回望自己在专业领域的累累硕果，赫尔曼不无笃定地说，父亲贾奇的这番话，确立了自己人生中最为重要的抉择……

贾奇的爱心不仅仅给予了自己的家人，他的博爱和同情心令许多人感同身受。当年，贾奇算是乡里比较富裕的农民，他不仅自己在农庄里劳作，还雇了许多人在农庄里干活，他有自己的农用车辆，并兼职做运货司机，而更多的黑人没有像他这样的便利条件，贾奇经常慷慨地用自己的车把村民们捎到城里去。假如见到别人的车陷到沟里，贾奇更是毫不犹豫地上前帮助解决难题。

贾奇如此慷慨助人，博得了极好的口碑，人们信赖他，尊重他。后来，贾奇积极参与南方的黑人民权运动，并成为当地黑人民选运动的领袖，在争取选举权的运动中发挥了很大的影响力。贾奇用自己的观念和行动影响着当地的黑人，他常常用他的卡车沿路拉着黑人们去投票站投票，确保当地的黑人都能参与民选投票。63岁那年，贾奇为了黑人的投票选举还奔赴过华盛顿。几年前，时代杂志上还登过他的照片。贾奇去世后，当地的公路以他的名字命名以示纪念。

如果说，父亲贾奇是用坚实的臂膀担当起家庭和民权事业的责任，那么母亲艾伯塔则用她的爱心营造了一个温馨的港湾。

艾伯塔是一位非常出色的小学教师兼校长。她不仅在学校里运用各种各样的方法教育不同的孩子，还在社区里照顾更多需要帮助的孩子，孩子们都喜欢围绕在她身边。当孩子们升级了，上大学了，她就给他们写信，汇支票。艾伯塔并不富有，但她却尽其所能从金钱和物质上资助更多孩子。这些孩子长大成人后都一直跟艾伯塔保持着联系。

不仅父亲是当地教堂的男性领袖之一，母亲艾伯塔也是当地教堂的妇女领袖之一。父亲经常组织大家修缮教堂，母亲则在教堂里花费大量的时间做志愿互助工作。有一天，天色已晚，屋外正淅淅沥沥地下着雨，天气很糟糕，一家人正准备休息，忽然一阵急促的敲门声，原来是邻居家的亲人过世，要去教堂举行葬礼。艾伯塔当时正患重感冒，一听到这个消息，她毫不犹豫地爬起来说“我代表全家去参加葬礼”。说完，她穿上衣服冒着雨就出去了。艾伯塔知道代表秀茨全家去参加葬礼的重要性。

与此同时，每年圣诞节的时候，艾伯塔都会早早买下很多玩具，把它们分给那些没有钱买玩具的孩子。即使在她去世以后，秀茨家的孩子们也依然以她的名义延续着这一传统。

正是因为父母在当地的声望，秀茨家的孩子们每每遇到麻烦，大家也都网开一面。弟弟赫尔曼15岁时，正处于青春烂漫的年纪，一天兴冲冲地驾车带着女朋友去看节目。他没有驾照，但心怀侥幸。在返回家的路上，不巧被警察拦住，警察例行检查，搜查了后车厢后说："请出示你的驾照。"赫尔曼耸耸肩说："我没有驾照。"警察又问："你是谁家的孩子？"天哪！真不知道父母知道了，会怎么收拾自己。赫尔曼更是心怀忐忑地说："我是贾奇·秀茨的儿子。"但令赫尔曼倍感意外的是，警察不仅没有给自己任何惩罚，听罢，当即就让他离开了。

秀茨家的孩子们很幸运，他们拥有一对终生相亲相爱的父母。一位是农民，一位是老师，尽管要在农场上一天一天地劳作，但他们的生活却充满了温馨和活力。能看得出，父母总是以一种非常幽默的方式进行沟通，母亲经常拖着长音叫着父亲的名字"贾——奇——"，父亲总是笑吟吟地以一种积极、温情的态度予以反馈："亲爱的，我在这里……"于是，在一种充满默契和乐趣的生活氛围里，他们用辛勤和智慧看护着孩子们成长。农民和老师这两种身份或许赋予孩子们更多别人不具备的优势：渗入家族血液中的爱心，显而易见的进取心，临危不惧的坚韧，还有某种难以言说的修养和视野。

事实上，对秀茨影响最大的人莫过于她的父母。终生相爱相伴的双亲如此相得益彰，潜移默化地传给孩子们非常强烈的家庭价值观念，那就是，富有爱心，尊重劳动，尊重教育，崇尚正直诚实的

秀茨在家乡尤托的旧居。摄于2012年8月

秀茨老家附近的一所教堂，也是秀茨家人经常光顾的教堂

美德，与人分享的情怀。在秀茨眼里，父母都很坚强，这为自己树立了榜样。

家庭农场里的欢乐时光

如今，格林县依然保持着南部城市的乡村气息，尤托镇也不大，驱车进入，也不过10分钟的路程。在稀稀落落的城市建筑中，最多最醒目的建筑是教堂。

这些教堂看上去没有欧洲城市教堂的雄伟之风，整体建筑风格平易简单，散落在尤托镇的大街小巷，仿佛是邻家的寓所，与居民比邻而居。这是一个充满了宗教气息的小镇，而这种宗教气息又如此平易近人。

由于尤托镇是通往南部“黑土带”的门户，所以，这里地势开阔平坦，纵横的乡间公路两旁，是修葺整齐的草坪，草坪上散落着风格各异的别墅寓所，高矮不一的树木，整洁漂亮却又宽松闲适，这种宜人的氛围让人分不清是在城市还是乡村……

在秀茨家附近，有好几条公路的指示牌上赫然写着“Hughes”，原来为了纪念秀茨家族对当地的贡献，尤托镇的几条公路分别是以秀茨家族成员的名字命名的。

秀茨的父母生育了9个孩子，6个女孩和3个男孩，秀茨排行老六。当时的医疗条件远不如现在，秀茨和姊妹们都出生在亚拉巴马州尤托镇的乡间，由助产士到家里来帮助他们来到人世，这也是当时新生儿降生的最普遍的方式。

20世纪40年代，在祖父留下的土地的基础上，父母又分几次

以秀茨的祖父查尔斯命名的高速公路

购置了土地，后来秀茨家族拥有了20万英亩土地并建造了许多幢房屋。这些房子曾在1950年时烧毁过一次，后来又易地重修。

父母能拥有这些财产确实不容易。从祖父时起，秀茨家就拥有美国南部亚拉巴马州最好的一块儿土地，这本身就让周围的白人们垂涎三尺，有许多白人伺机占据这些土地。再购买土地是一件非常具有挑战性的事情，秀茨的父母不得不从当地的白人手中贷款。

随着年龄的增长，孩子们逐渐领悟到父母此举的深意，之所以不遗余力地购置土地，一方面希望在自己百年之后，能有些土地和家产留给儿女；另一方面，也是更为关键的一个方面，他们意识到了独立拥有土地的价值。父母总是强调的一些与众不同的事情，尤其是那些代表独立和值得自豪的事情。

在种族隔离的阴霾下，多数黑人在白人的农场里干活，但秀茨家的孩子却很幸运。由于父母的远见卓识，为孩子们提供了一个得天独厚的自有农场，孩子们能够在自家的农庄里独立地劳作。这使孩子们免于到白人的农场里干活，可以在自家的农场里享受独立、自由和欢乐的时光，更为关键的是，家庭农场赋予秀茨家的孩子们与其他黑人不同的成长环境。

在秀茨看来，童年的记忆无疑是充实和富有活力的。这一时期她终日与其他8位兄弟姊妹相伴，一块儿玩耍，一块儿做功课。家庭传承的成长理念就是，作为孩子，要努力学习，尽情玩耍。

农场里种植着玉米，孩子们很早就在田间学会了耕作，养成了非常好的劳作习惯。在自家的农场里，有时会遇到些挑战，有时会有些艰辛，但多数时间，他们享受着农场生活的乐趣。在这里孩子们可以呼吸到自由新鲜的空气。下雨了，他们会嬉笑着，奔跑着，去树下躲雨；在农场里，大家一起种植玉米、棉花，一起喂猪、喂鸡，

昔日的农具，在默默地诉说着当年农场里的繁忙与荣光。摄于2012年8月

给奶牛挤奶，这样全家就有肉吃，有奶喝。

家里杀了猪，会放很多盐腌制猪肉，并放谷仓里贮存。很早以前，家里没有冰箱，孩子们就到商店里买来冰块儿，把冰块儿用棉被包裹起来放在谷仓下。想吃腌肉时，就切下几片，这样可以吃一年，再就着蛋糕、柠檬和其他食品，孩子们都觉得非常惬意。

如今，孩子们还记得父亲如何教自己认识家禽家畜，怎样挤牛奶。每天，孩子们都盼着妈妈下班回家，尤其看到她从院子里走来时，拎起一只老母鸡直奔厨房，孩子们就一阵欢喜，因为晚饭又有好吃的了。

最难忘的是母亲亲手烘烤的饼干，真是童年记忆中最美味的食品了。每个星期六的早上，母亲会早早起来做饼干，还教孩子们做。“那个味道你是从来没有尝过的，比任何人做得都好”，至今，秀茨家的姊妹还回味着：“我们有时候也会拿着母亲的机器自己制作饼干，再用自己种的蔬菜来做菜。”可以想象孩子们环绕在母亲身边那其乐融融的景象。

母亲是整个家族的灵魂，有很大的影响力。虽然她未必有男人般健硕的身体，但她浑身散发着某种静默的力量。她不需要大声说话，孩子们也都会听她的；她虽然不强势，但能赢得周围人的尊重。

应对成长中的烦恼

当然有快乐，也有烦恼。秀茨家的孩子们都上学了。孩子多，也会遇到一些挑战。

秀茨家的姊妹们闲暇时一起比赛跳高、打篮球，还玩跳房子。周日的时候，大家玩棒球。男生一队，女生一队，兄弟姊妹9个人都在队里。妈妈决定让孩子们一面正常地学习功课，一面再发展一下其他技能。比如大妹妹擅长跳高，是一名篮球运动员，秀茨试着学打篮球的技术，但似乎总是无法超越她。

通过观察，母亲决定培养秀茨的演讲能力，于是，她经常鼓励秀茨去参加各种辩论赛；秀茨还喜欢唱歌，也得到了母亲宽松的引导。每逢周日，秀茨就对妈妈说："谁带我出去唱歌？"妈妈就说："你自己去吧。"中学时，每逢周六，秀茨通常会在某个地方参加辩论赛或演讲。每次做演讲，秀茨就像吃了蜜糖一样，开心得不得了。周日，忙碌的秀茨会在教堂或某个地方唱歌。

秀茨的歌喉终于有了展露的机会。升入大学后的第一年，秀茨在纽约的城市音乐广播（Radio city musical in NYC）唱了整个夏天。那是一个很大的剧院，在纽约市中心，在洛克菲勒中心附近。

孩子们都非常活跃，喜欢参加一些活动。无论是参加篮球比赛、戏剧社、合唱团还是其他社团活动，都不得不买活动所需的全套装备。一个孩子也罢，如果9个孩子同时提出要求的话，那就是个挑战了。比如弟弟去参加一个活动，保证他有一套西装、一个领带、一双帆布胶底运动鞋，但如果再想参加其他活动，就没有相应的行头了，因为这一套西装就是他的全部家当。对此，孩子们并不在乎，也没有因此觉得不如别人，他们或许还贫穷，但他们心中却充满了自豪感，他们相信自己很伟大。

正由于整个家庭对教育的重视，班上的同学都觉得秀茨家的孩子们不寻常。他们在学校里总是处于一种竞争状态，总是做得比他人好。尤其秀茨，她不仅功课好，一直在班级里名列前茅，常拿奖学金，而且在各方面的成绩总是NO.1，尤其是公众演讲。秀茨歌唱得非常好，经常唱独唱，在合唱团担任领唱。玛维琳娜·秀茨在校园里简直就是学生的典范，一向被同学当作大人物一样尊崇。

9个兄弟姊妹，秀茨既不是最年长的一个，也不是最年幼的一个，她排行老六，但正是这个位置，教会了秀茨如何在兄弟姊妹间沟通和斡旋。

秀茨是一个安静的人。家里有那么多孩子，当大家因意见不同而争吵甚至打架时，秀茨常常选择离开。因为在如此大的一个家庭里，没有人教秀茨如何去和姊妹相处，秀茨既不能去指挥谁，但又不得不维护自身的权利。于是她养成了观察这个家庭、观察兄弟姊妹的习惯。当秀茨观察到谁的想法比较合理，她就设法帮助谁去沟通，使大家不要起冲突，告诉彼此，以后会好好相处。通过这种方式，秀茨学到了很多。诚如秀茨自己所言："从我个人来讲，我敬爱我所有的兄弟姐妹，大概是通过与他们的互动，我学到了自我表达的艺术。"

秀茨支持和关爱自己的兄弟姊妹，也从他们那儿赢得了尊重。兄弟姊妹都认为秀茨是他们中最聪明的一个。即使今天，观察家人，也是秀茨深感有趣的一件事。

其影响就在于,日后秀茨成为心理学家时，她知道如何与冲突对话。"我知道现在很多人做不到这一点，不愿面对异议，但是我能。因为我知道如何做到不受个人好恶来作出判断，不因个人原因把异议扩大化。我考虑问题比较客观，当大家发现有人从客观的角度为异议提供解决之道时，他们就愿意靠近你，就是这么简单。"

秀茨比弟弟赫尔曼大几岁，读书时比弟弟高一个年级，秀茨和弟弟在一起做过许多事情，比如一块儿参加合唱团等活动。

弟弟在姐姐曾经的班级就读，老师们希望赫尔曼能像玛维琳娜·秀茨一样，成为同学们的楷模，但姐姐拔尖的表现给弟弟莫大的压力。作为秀茨的弟弟一定要在班级拔尖才行，弟弟也尽力表现得完美。不仅学业争先，还积极参与各种社团活动，比如参加足球队、篮球队、合唱团、戏剧表演俱乐部，还有一个非常好的GPA记录，毕业时达到3级水平。

秀茨升入高中后，不得不转入另一所学校就读。因为不能经常关照赫尔曼，她就找弟弟班上和她要好的朋友，跟她们讲，要关照一下她的弟弟，确保弟弟需要帮助时能得到大家的关心。

等赫尔曼长大成人，秀茨义不容辞地成为弟弟找女朋友的把关人。女孩子们争相与秀茨交朋友，弟弟不必四处寻找女朋友，他要做的只是去选择他喜欢的。

父母那善巧的智慧

1954年5月17日，最高法院依照美国宪法第十四条修正案，宣布在公立学校里实行种族隔离制为违法行为。这是美国第一次真正宣布黑人隔离制度是违背宪法的，但是这一裁决形同虚设，没有给美国黑人带来任何平等的权利。[①]

在南方的那段岁月，秀茨是否经历过不公正的待遇？回答是肯定的，不平等待遇可以追溯到秀茨的童年。事实上，多年以后秀茨

① http://www.xici.net/d13204616.htm.

尤托的市政厅前方有一座喷泉雕塑，秀茨家族于2005年捐资兴建，以纪念秀茨的母亲

还保留着受压迫和被歧视的沉重记忆。记得在种族隔离时期的亚拉巴马州，喝水时必须使用黑人专用（“colored”）的饮水器，看电影时要坐到隔离区，上的学校是种族隔离学校，使用的教科书是白人学校用过的旧书，每天上学要多走很多路去乘坐白人学生比较少的公共汽车。

作为一名黑人，秀茨并不指望获得同白种美国人一样的权益，但她的父母克服了种族歧视的种种障碍，并教会秀茨如何克服种族隔离带来的种种困难。当有些种族主义者让秀茨家的人滚回非洲去，母亲就告诉孩子们：“告诉他们，我们还真得追溯一下祖先。的确，我们有部分的非洲裔血统，但我们还有欧洲裔血统，还有美洲印第安裔血统，我曾祖父就是美洲印第安人，这就很难说，我们到底应该滚回到哪里？！”

从父母那里，秀茨知道了自己同其他人是平等的，或许在某些

秀茨的母亲

秀茨的妹妹

方面还更加出色。也是父母，让她意识到自己很聪明，应该发挥聪明才智去帮助他人。在秀莢那幼小的、正期待着叩问世界的心灵里，父母就是她行动的楷模，她以挚爱的双亲为荣。

在这个家庭里，教育一直被强调是赢得更好生活的重要途径。父母之所以重视教育，是因为母亲本身就是小学教师，父亲虽然只读到高中，没有接受太多的正规教育，但他像祖父一样是一个非常博学而且见多识广的人，所以，秀莢的父母非常清楚教育的价值。在他们眼里，教育是出路，如果接受了教育，孩子们就拥有了走出贫穷、走出这片土地的门票。他们希望所有的孩子都能接受良好的教育，他们把教育视为人生的基础，尽可能为孩子们创造接受更好教育的机会。

当时，在美国南部乡间大多数人都没受过教育的环境里，人们对教育根本就没有太高的期望。父母对教育的高度重视，确实是不多见的。“在我的家庭里，教育被看作一种自由的力量。”秀莢在父母身上看到了他们的某种期望，在他们身上也看到了某种价值观念，尤其能在父母的行为中观察到这种价值观念的体现。正因为如此，孩子们很早就期盼有朝一日能读上好的大学，取得学位，这成为他们成长过程中非常显见的目标。他们在学校上课时，都力争上游，都希望能将好的成绩单拿回家，让父母签字。

父母还鼓励孩子们积极参加学校、教堂和社区的各种活动，孩子们总能感受到来自父母的期望和支持。是的，父母时刻都在孩子们身边，对孩子们的点滴成功和付出，都给予关注和肯定。

而涉及方向性的选择，诸如在种族隔离的背景下应当进入哪一所学校就读，通常由母亲来斟酌、选择和调整。秀莢先在一所高中就读，后来被母亲带离原来的学校到另外一所学校，因为母亲打听到新高中能提供家政课、公众演讲课、打字课等技能性的课程，于是，母亲不辞辛劳地带着孩子们赶公共汽车到这所新高中。

在这所高中，秀茨参加了家政课，课上学习了许多家务技能，这让秀茨异常惊喜，因为她不仅喜欢而且非常擅长这些家政技能，尤其是缝纫技术，秀茨学得有滋有味，颇有心得。多年后，秀茨那娴熟却很少为外人所知的家政技能还是为她的生活平添了很多乐趣。

为家人做饭练就了秀茨的一手好厨艺。当母亲开始教书时，既没有教师资格，也没有相应的学位证书，于是，她一边教书，一边进修学位，并为之努力奋斗了很多年。一到暑假，母亲就经常外出上课。为了让母亲安心完成学业，母亲离家之后，秀茨姊妹就自己做家务、做饭、腌制食物。

当母亲终于在一个夏季学期完成学业并获得学位时，秀茨也正好结束高中课程，这一年，姐姐也在春季学期大学毕业。

在秀茨的印象中，父母一直都教育自己的孩子们，不仅要争取成功，还要帮助他人获得成功。秀茨感恩自己的父母，是自己的双亲早年给孩子们心中注入了梦想，只要努力奋斗就可以尽享人生的精彩。

没有谁能告诉我“我是谁”

在浓重的种族隔离气氛下，许多人都不自觉得认为黑人就是又蠢又笨、低人一等的，但和秀茨打交道的人都发现，无论把什么事情放在秀茨面前，让她去处理，她都能应对自如，于是人们就很纳闷，她怎么这么聪明？

秀茨接受过良好的家庭教育。在秀茨还不太懂事的时候，她的父母就告诉她，你跟别人是平等的，不要觉得自己低人一等。她的父母让她知道，没有谁能告诉你“你是谁”。秀茨相信她的父母，她不仅信任他们，而且以他们为荣。所以，秀茨总是告诉自己，我要对自己负责，没有人能告诉我“我是谁”。

正是在父母的精心呵护下，种族不平等的待遇并没有给秀茨家族的孩子们留下太多的心理阴影，这种经历反倒激发了他们的潜力。他们每个人都有出人头地的决心，长大后，他们在各自的领域里赢得了诸多非裔美国人的第一，包括秀茨本人。

“我父母亲总是告诫我们，无论如何都要比任何人做得更好。”秀茨曾回忆说，“虽然父母对我们每个人都非常贴心，关爱有加，但他们都让我们认清一个现实，正因为我们的出身和血缘，我们就更得加倍努力。”

父母不仅教会秀茨怎样学习，如何自律以及如何激励他人，更重要的是，他们教会秀茨如何为取得成功设定目标。秀茨从家庭当中获得的价值观是自我约束、激发积极性和争取最佳的表现。当回首她的职业生涯以及生活的其他方面，都能看到她以非常高的标准来要求自己。这一价值观打下了她通向成功之路的基础。

与此同时，老师和其他的一些成功人士也影响了秀茨。秀茨坚信如果他们能够取得成功，那么我也可以。他们的阅历、做事风格、行为、政治信仰和社会价值观影响了秀茨的很多决定。

作为一个美国南部的黑人女性，当秀茨还是一个小女孩儿时，在成长的过程中被剥夺了很多平等的机会。她既未愤怒也未心怀怨恨。在她那幼小的心灵里，已经埋下了追求世界和平，追求全世界人类的真正平等的种子。她有时会想，假如来自不同民族、不同种族、不同宗教派别的人担当领导职位时，都能坚持维护社会平等，那将是一种怎样的情形呢？

信念在求学中萌发

如果我对于作为一个黑人和一名女性的生存状况感到愤怒的话，我是无法成长的。我只有顶住社会所施加的压力，我才能够成长。

——玛维琳娜·秀茨

秀茨的父母和他们的家族不仅强调教育的价值和重要性，而且一直还有一个从事教育的家族理想。在他们眼里，努力成为一名优秀的教育工作者，是通往成功的一条光明大道。一定程度上说，秀茨是循着父母与家族的足迹奋斗的。

选择学校

1943年，秀茨读书时，也是美国学校接受黑人学生伊始。秀茨在家乡尤托读完了小学和初中。读高中时，她离开了这里。因为父母认为，秀茨所在的学校不能给秀茨应有的教育，校长简直就是一个土霸王，他那种带有种族歧视倾向的态度和他那种飞扬跋扈的工作作风令秀茨很头疼。秀茨的母亲也不喜欢该校的教育方式。

秀茨八九年级的时候，母亲决意带秀茨离开这所学校。她非常严肃地对校长说："你可以跟秀茨说再见了，她不打算在这里念书了。"校长简直不敢相信："你这是要做什么？"言下之意，你不在这里读，能到哪里去？确实，对于黑人的孩子来说，可念的学校是有限的。但母亲依然斩钉截铁地说："我是说，秀茨再也不会来了！"是的，母亲是明智的，因为她知道，如果继续待在那所学校，对于秀茨的负面影响是难以估量的，她不能坐视自己尚不能承担风雨的孩子遭受不可预料的创伤。

对于母亲的选择，秀茨丝毫没有反抗。从那以后，秀茨知道，母亲会帮助自己找到方法克服某种困境。当然，父母对每个孩子都一视同仁。

秀茨不得不到更远的学校读书。母亲把秀茨送到了一所寄宿学校，亚拉巴马州艾丽斯维尔市萨默维尔高中。最初，秀茨和外祖母在一起，后来是姨妈艾迪陪伴秀茨去学校。艾迪是这所高中的老师，每天早上妈妈开车送秀茨到艾迪家，秀茨再和艾迪夫妇一起去学校。后来，母亲还是决定让秀茨寄宿，因为思量再三还是不想让外祖母和姨妈有太多负担。虽然秀茨并不喜欢寄宿，因为寄宿的话，一个礼拜的时间都不能回到父母身边，但她还是尽快适应了寄宿生活，因为她明白妈妈心里的期许。

这所寄宿学校是一所很好的学校，有很多好老师。秀茨在这里学到了非常有效的学英语的方法、非常专业的英语基础知识。对于英语的很多知识，老师不仅教给她“知其然”，还教给她“知其所以然”，这种思维方式不仅开阔了秀茨的视野，更使她对知识的领悟力有了进一步的提高。但也有一些懒惰的老师，总是指使学业优异的秀茨说：“你过来，教一下这组同学。”秀茨就想着去把谁教会。

后来，秀茨家伯尼、赫尔曼等4个孩子都曾到这所学校读书。母亲常常开车10多英里，带孩子们去搭公车。秀茨家的孩子都非常感谢妈妈的倾心付出。他们的父母很有远见，不仅教育每一个孩子独立自主的意识，更认识到改变孩子未来的关键是对孩子们教育的投入和付出。

不要为人生设限

由于学业优异、能歌善舞，秀茨成为校园里颇受瞩目的一名黑人女孩儿。

还是在读高中的时候，有一次妈妈带秀茨到学校去，赶上学校的花车准备沿着通往市政厅的大街游行，花车正需要一个女孩子扮作女王，于是大家打算让秀茨坐上花车来扮演这个角色。秀茨兴高采烈地告诉了妈妈，妈妈却很不以为然，她说：“你不要去。”秀茨有些失望地说：“您在说些什么呀？这可是难得的机会呀。”妈妈却说：“这的确是一次机会，但你没必要接受它。” 于是，秀茨带着不解，恋恋不舍地和妈妈离开了花车。当然，后来妈妈告诉了秀茨为什么不能接受扮演花车女王的角色，因为在妈妈眼里，这些展示行为是对黑人怀有偏见的符号，但当时秀茨并不理解。

后来回想起来，秀茨则深深地感叹，自己的母亲是多么聪明的一个女人，某些具有歧视性的活动或不恰当的行为，她不让女儿参与，她的主见使秀茨受到了恰当的保护。秀茨的父母总是用非常善巧的方式让人们知道（不管他们是黑人还是白人），无论你们对其他人作何想法，这些是我的孩子，你们不能让他们有被低估的感受，你们可以去那么想，认为黑人低人一等，但你们不能把这些想法在我们身上对号入座。

可以说，秀茨的父母为这座城市树立起规则，于是，每个人都知道，他们不能把这种偏见应用到秀茨的家庭上。这无疑让秀茨深受影响，她意识到自己的重要性。或许，从这个时候起，秀茨开始意识到自己的人生没有局限，假如你相信自己行，你就能行。直到现在，秀茨都始终坚信，一个人的人生没有那么多局限。

秀茨的父母不仅言传身教，教会自己的子女不要低估自己，而且通过这种方式昭示给别人。很自然地，父母所设定的处事方式被秀茨潜移默化地继承下来，由此，也铺就了秀茨自我成就的生活道路。

当秀茨在读高中时，就已经开始铸造自己的人生了。高中时，秀茨跟同学的关系很密切，她经常帮助她们，尤其在她们不理解一些课程内容时，秀茨经常在完成自己的功课后，坐下来帮助别人，有时帮助她的姊妹，有时帮助朋友。

秀茨成绩优异，而且善良、热心，朋友们经常会三三两两地到秀茨房间说："我们遇到难题了，帮助解决一下吧！"于是大家就一起来做，等做完了，朋友经常是说声"谢谢"，然后拿上正确答案就走，秀茨就在后面追着喊她们回来："告诉我，你们是怎么理解的？

如何去做呀？”可是，这些同学经常是一溜烟儿就没影了。调皮的秀莰有时也会跟她们开玩笑，故意不给她们正确答案，但这对秀莰而言，并不意味着某种优越感，她只想更有效地帮助她们。

上大学后，秀莰在帮助别人的过程中，孕育了某种奉献的高贵力量。事实上，直到现在，每当遇到挑战，假如秀莰知道做什么和怎么做，她就把帮助别人看作自己的职责，但她从未把帮助别人看成是值得炫耀的资本。

高中毕业后，秀莰和姐姐最初就读于同一所大学，但是，让姐姐不解的是，不知道为什么，秀莰后来像变戏法似的离开了那所大学。原来，秀莰告诉父母，这所大学管理严格，专业领域主要集中在农学和经济，而她的兴趣不在于此，自己的需求在那里得不到满足。这就是她为什么最终选择塔斯基吉学院的原因，可以说，也是在母亲的影响下作出了这一选择，父母发现她还有继续深造的潜力。

事实再一次证明，母亲是正确的。虽然秀莰是在哥伦比亚大学学习并获得了全额奖学金，在佛罗里达大学获得了第一个黑人博士学位，并在哈佛大学进行了带奖学金的博士后研究，但真正令秀莰引以为豪的是塔斯基吉学院，也就是现在的塔斯基吉大学，她认为塔斯基吉大学才是她真正接受教育的地方。

大学之于秀莰的意义，正如本杰明·梅兹所言：“判断一所大学的好坏，不仅在于它是否有出色的教师，还在于渗透于大学自身的精神和理念。”

塔斯基吉大学是美国历史上著名的黑人教育家布克尔·华盛顿（Booker T. Washington）亲手创办的一所黑人大学，而塔斯基吉大学具有的独特社会影响力，则要从布克尔·华盛顿的时代处境开始寻找答案。

在美国，塔斯基吉大学为美国国会唯一指定为国家古迹的校园。其前身为塔斯基吉师范暨工业技术学院（Tuskegee Normal and Industrial Institute），成立于1881年，创办人为教育学家及曾身为奴隶的布克尔·华盛顿。布克尔·华盛顿是美国境内最具影响力的非裔美国人领袖。一开始，这所学校专门向非裔美国人教授农业及工业贸易等相关知识。

在美国南北战争后，美国社会面对两大难题。第一是疗伤，怎样从南北对立、黑人和白人的仇恨以及战争伤害中实现和解，让国家恢复元气；第二是面对如此众多突然获得解放的黑奴，怎样帮助他们融入社会生活，并且让他们的生活质量得到提升。在这种背景下，美国的基督徒群体作出了积极而成功的回应。他们一方面积极拓展在黑人中的福音工作，另一方面积极帮助黑人群体接受教育，改善生活，提升文化。

基督徒宣教团体对战后美国南方的成功回应带来了深远的影响，他们帮助黑人逐渐融入了社会生活，使整个民族的素质得到提升，更重要的是基督教信仰真正在黑人中间扎下了根，不是作为一套理论，而是一种生活方式和生命取向。

布克尔·华盛顿是南北战争后被解放的普通奴隶之一。他从小不知道自己的父亲是谁，不知道睡在床上的滋味，没有用刀叉吃过一顿家庭式的正餐。正是基督徒宣教团体提供的机会，让他能够接受信仰，得到学习的机会。布克尔·华盛顿在他的自传体小说《假如给我学习的机会》（*Up From Slavery*）中写道："每天清晨，我总会读一章节圣经作为我一天工作的开始，这已经成为铁打不动的规则。"

矗立在塔斯基吉大学校园内的布克尔·华盛顿纪念雕像。他为黑人们揭开愚昧的面纱，并指明了通过教育和工业进步的道路

正是信仰，让布克尔·华盛顿的心中不仅没有仇恨，而且生发出自尊、自强的种子。正是学习，让布克尔·华盛顿的眼界得到开阔，使其终身致力于黑人教育。

1881年7月4日，当布克尔·华盛顿作为塔斯基吉大学的创始人开启学校大门时，只有30位黑人教师汇聚在他身边，凑巧的是，这一天正是美国独立日。

布克尔·华盛顿深知，他来这里可不是作秀，而是有更重要的工作要做，他没有浪费丝毫时间就开始实施自己的构想。一年之后，也就是1882年，他购买了100英亩被废弃的种植园，建成了塔斯基吉大学的雏形。他期望为黑人的素质教育提供必要的基础设施，帮助黑人真正获得独立。他资源有限，但他有使命感，有勇气和愿望——他以微薄的资金将他的构想付诸实施。

布克尔·华盛顿带领师生以拓荒者的姿态，自力更生，开辟了果园，种植了庄稼，亲自带领学生们参与劳动技能课，为学校开源节流；他注重对学生们的实践技能培训，开设了木工、制鞋课，并有专门的作坊和车间；校园里陆续矗立起的校舍和教师们的独立寓所，大多是师生们自己建造的。

塔斯基吉大学的橡树园是布克尔华盛顿的家。1899年塔斯基吉大学的学生和老师们建造了这所砖结构的房子，由建筑学院的罗伯特·R.泰勒设计。

布克尔·华盛顿经历过三次婚姻，第一任妻子芬妮·史密斯1884年去世，第二任妻子奥利维亚·大卫森1889年去世。他和第三任妻子玛格丽特·茉莉·华盛顿还有他和前妻所生的三个孩子生活在这里。那个时候，布克尔·华盛顿和他的学校在国际上都很知

20世纪20年代，农场的水果被装箱运走。塔斯基吉大学博物馆提供

20世纪20年代，一些高年级的女孩在上木工制作课。塔斯基吉大学博物馆提供

学生们在学校的农场摘水果。塔斯基吉大学博物馆提供

制鞋课。塔斯基吉大学博物馆提供

名，他一年中的大半年时间都不在家，出去演讲和筹资，1915年11月4日布克尔·华盛顿先生去世，他的太太继续住在橡树园，直到1925年去世。

塔斯基吉大学自成立之日起，像一盏明灯向无数的美国黑人传递了独立自主的信念。

布克尔·华盛顿在黑人和白人之间搭起了一座桥梁。他不断向黑人宣讲自尊自立，也不断向白人证明黑人是有潜力为社会作出积极贡献的。正因如此，他的故事激励着整个黑人种族，也促进了国家和睦。他深深影响了后来的黑人领袖马丁·路德·金，而黑人民权运动采用非暴力路线，在很大程度上也不能不归因于布克尔·华盛顿。

布克尔·华盛顿的自传《假如给我学习的机会》被主流报纸《今日美国》列为影响美国20世纪书选的第二名。该书是一个基督教宣教典范的历史见证，也是一个基督徒的质朴宣言。[①]

著名的植物学家喀威尔 (George Washington Carver) 应华盛顿的邀约，于1896年来到塔斯基吉，成为农业系的系主任。喀威尔在此处发明了避免土壤养分流失的农作物轮耕方式，他也在这儿发现了上百种花生及甘薯的新用途。在20世纪20年代，学校扩展教学任务，开始提供人文艺术教育。

如今，塔斯基吉大学已具备授予包括文、理、农、家政、商业、教育、工程、建筑、护理和公共卫生在内的45个学士学位、21个硕

---

① 彭强：《黑人灵魂的锚：从布克尔·华盛顿到图图大主教》，2009-09-18 20:20:04。

橡树园。布克尔·华盛顿在塔斯基吉大学内的寓所

布克尔·华盛顿（前中）、玛格丽特（前左）、女儿波西亚（前右）和儿子欧内斯特（后左）

士学位的资质。尤其，兽医医药的博士专业在全国独树一帜，吸引着不同国家和种族的学生慕名而来。

塔斯基吉大学还有乔治·华盛顿·卡佛（George Washington Carver）和其他学者。塔斯基吉大学如同一个追求自由平等的乐园，向秀茨敞开了怀抱。

塔斯基吉校园的文化洗礼

1958年，在塔斯基吉大学一年一度的“新生熟悉日”，来自亚拉巴马州尤托的玛维琳娜·秀茨被加冕为“联合大学基金小姐”。

由于迪克西·泰勒小姐的缺席，雷德博士为秀茨小姐颁发1957—1958年度“非裔联合大学基金小姐”奖。秀茨小姐手持红色玫瑰花束，穿着漂亮的白色双面横棱缎正装，衣服左下边缘有手绘玫瑰。加冕仪式过后，秀茨小姐被福雷斯特·威利护送到舞池，他们在“魅力”的曲调下起舞。①

在塔斯基吉大学学习期间，引人注目的秀茨被加冕过数个奖项，她是合唱团演唱会成员，也是女生联合组织的成员，她有“潘兴步枪小姐”之称。塔斯基吉大学丰富的校园生活让多才多艺的秀茨绽放出夺目的光彩。

秀茨还获得了多项奖学金。在塔斯基吉大学，秀茨大学读完了本科和硕士研究生的课程。

在塔斯基吉大学秀茨找到了很多乐趣。秀茨会一些家政技能，这使她得到了一些额外的收入。不知道通过什么途径，科学系的毛

---

① 《校园文摘》塔斯基吉研究所，亚拉巴马，1958年10月29日。

1958年，在塔斯基吉大学一年一度的“新生熟悉日”，玛维琳娜·秀茨被加冕为“非裔联合大学基金小姐”

塔斯基吉大学合唱团。前排右2为秀茨

利教授和他的妻子了解到秀茨很会做饭，于是，夫妻二人给秀茨提供一份小时工的工作。在上学期间，秀茨要抽空到教授夫妇家里做家务，比如洗衣服、叠床单、做饭和打扫屋子等，但是主要的工作是在他们晚上五六点钟回来的时候，给他们做好晚饭。

做饭对于秀茨来说并不复杂。做可口的布丁，秀茨会放很多的黄油，教授夫妇非常喜欢。“哦，你这么会做饭啊。”这样，一周下来，秀茨最少有25美元的收入，这可是一笔不菲的收入呢！

要知道，在那个年月，少有人拥有大额美元。秀茨和同学们常常积攒起分分角角，花50美分从市中心订半只烤鸡送到宿舍，然后大家一起开心享用，这也成为秀茨和同学们在塔斯基吉大学难忘的快乐生活片段。

每逢周末，同学们会奖励自己。周五晚上，有的同学去约会，

秀茨上大学时的教学楼。摄于2012年8月

有的同学在寓所的大厅里打牌；周六晚上，同学们先是去参加各种文体活动，然后通常会在学校餐厅的底层举办舞会。他们暗自比试，看谁能跳地道的赫利加舞（Hully Gullg），有点儿类似于现在的滑步舞。秀茨和同学们很享受塔斯基吉校园提供给大家的权利。“我们一无所有，却又拥有着一切”。

而更令秀茨难忘的是学校给予她的教诲。导师教会了秀茨和同学们勇于挑战自己，不甘于平庸。

在校期间，秀茨学习了一门“黑人历史”课。秀茨清清楚楚地记得自己在课上站起来向教授挑战。回想起来，秀茨感恩自己有学习民族历史的权利，而且这段历史是未经过滤的。秀茨意识到美国有责任满足自己国民之所需，包括祖祖辈辈曾经被奴役的黑人。

是塔斯基吉大学教会秀茨如何飞翔，如何用自己的姿态和能力

秀茨上大学时居住的宿舍楼。摄于2012年8月

塔斯基吉大学内的教堂。摄于2012年8月

发现美德，这正是秀茨所需要的。当秀茨感到疲惫的时候，是塔斯基吉大学的师生使她重新恢复力量；当她感到虚弱无力的时候，一股能量就会托起她的翅膀，他们不允许她跌倒。

除了坚实的基础，塔斯基吉还赋予秀茨站得更高的力量、勇气、希望和热忱。塔斯基吉过去是，现在依然是学生们的精神家园，培养了少数族裔的自豪感、归属感以及对文化艺术的鉴赏力。塔斯基吉的教育为学生们打下了坚实的基础，使他们在毕业后能在更广阔的海洋里扬帆起航，勇于攀登各个专业领域的最高峰，敢于与世界范围内的同行同台竞技。是导师们无微不至的关爱推动着秀茨的进步，在这里永不言败，秀茨必须学会翱翔，令她开心的是，她确实做到了。

近年来，互联网《最好大学》有关报告显示，现在学生们认为，

陈列在塔斯基吉大学博物馆的成就墙

塔斯基吉大学“对学生而言已经毫无吸引力”，“周末无事可做”。面对这一事实，秀莰说，“他们正在错失我们所言的乐趣”。

民权运动的岁月

秀茨身上散发出的浓浓的爱的奉献精神，来源于具有基督徒背景的家庭及布克尔·华盛顿所营造的塔斯基吉大学的校园文化。如果说，年少的秀茨是在父母的羽翼下安然、自信地面对着严峻的种族隔离氛围，而步入塔斯基吉大学，则使秀茨获得了面对种族不平等的自主信念。

在秀茨心中逐渐涌动的强烈愿望和抱负归因于两个深深影响了她的人物，一位是马丁·路德·金（Martin Luther King）——美国黑人民权运动领袖，另一位是卡尔·罗杰斯（Carl Rogers）——一位被誉为“人本主义心理学之父”的心理学家。

1929年1月15日，马丁·路德·金出生在美国亚特兰大市。15岁时，金以优异成绩进入摩尔豪斯学院攻读社会学，获得文学学士学位。后就读于克拉泽神学院和波士顿大学，于1955年获神学博士学位后，到亚拉巴马州蒙哥马利市的德克斯特基督教浸礼会教堂做牧师。

马丁·路德·金工作过的亚拉巴马州蒙哥马利市的德克斯特基督教浸礼会教堂

20世纪50年代中期到60年代中期，是美国非暴力民权运动活动最频繁的时期。1955年12月1日，星期四，黄昏时分，下班回家的黑人女裁缝罗莎·帕克斯（Rosa Parks）乘坐公共汽车时，因拒绝将其座位让给一个白人而被警方逮捕。几天后，她以违反隔离法的罪名被法院判处监禁。消息传出，激怒了该市的黑人，在谋划与领导运动的过程中，刚刚获得哲学博士学位的年轻黑人牧师马丁·路德·金脱颖而出。

金意识到“一个沉睡和静止的黑人社会现在已完全清醒”，他发起罢车运动（即蒙哥马利罢车运动），号召黑人“不与邪恶的规章制度合作，不要再给汽车公司以经济上的支持”。他说：“我们大家都清楚，我们不是在宣扬暴力。”金说：“我想让整个蒙哥马利，整个国家都知道，我们是基督教的信徒。”他把“基督教”三个字念得很清楚。“爱是基督教最高信仰之一，但还有另一面，叫做正义。”他说：“我们决心在蒙哥马利奋斗，直到‘公平如浪涛滚滚，公义如江河滔滔！’”[①] 在以马丁·路德·金为主席的市政改进协会的指导下，他们开始了长达一年之久的联合抵制公共汽车运动。1956年11月，美国最高法院作出在公共汽车上实行种族隔离为违反宪法的判决，蒙哥马利市黑人这场震撼全国的抵制斗争以胜利告终。长达十多年的黑人民权运动就此肇端。这场罢乘运动将马丁·路德·金推上了黑人民权运动的领导地位。

马丁·路德·金于1957年组成了“南部基督教领袖会议”，这是黑人民权运动最有影响的组织，它主要负责协调非暴力组织的

---

① 彭强：《黑人灵魂的锚：从布克尔·华盛顿到图图大主教》，2009-09-18 20:20:04。

行动，以加强对黑人运动的领导。马丁·路德·金根据基督教教义和甘地主义，提出非暴力主义这一纲领性口号，作为民权运动的指导方针。

当秀茨还是塔斯基吉大学的学生时，她曾在几个周末参与马丁·路德·金的策划活动。那时蒙哥马利公交抵制运动、游行等民权运动还没有开始。马丁·路德·金的想法正在酝酿，而秀茨正在聆听。

1963年8月28日，来自全国50个州的各阶层黑人代表以及白人同情者25万人在美国首都华盛顿示威游行，示威者高呼“立即自由”、“我们要工作”等口号，从华盛顿纪念碑游行到林肯纪念堂前举行集会。在林肯纪念堂前，马丁·路德·金做了著名的《我有一个梦想》的演讲：

> 我梦想有一天，我的四个小女儿将生活在一个不是以皮肤的颜色，而是以品格的优劣作为评判标准的国家里；
>
> 我梦想有一天，在佐治亚州的红色山冈上，昔日奴隶的儿子能够同昔日奴隶主的儿子同席而坐，亲如手足；
>
> 我梦想有一天，这个国家将会奋起，实现其立国信条的真谛，我们认为这些真理不言而喻：人人生而平等。
>
> 我梦想有一天，……上帝的光华再现，普天下生灵共谒。
>
> 这是我们的希望。这是我将带回南方去的信念。有了这个信念，我们就能从绝望之山开采出希望之石。有了这个信念，我们就能把这个国家的嘈杂刺耳的争吵声，变为充满手足之情的悦耳交响曲。有了这个信念，我们就能一同工作，一同祈祷，一同斗

争，一同入狱，一同维护自由，因为我们知道，我们终有一天会获得自由。

他那追求自由平等的声音，响彻了纽约州的崇山峻岭，响彻了宾夕法尼亚州的阿勒格尼高峰，响彻了加利福尼亚州的婀娜群峰，响彻了美国每一寸土地，响彻了整个世界！从这一天起，他为人类历史留下了一篇著名的民权运动篇章——《我有一个梦想》。

令秀茨遗憾的是，父母出于安全考虑，只允许秀茨待在学校里学习，妈妈说："这些事对你来说还太早，你是一个学生，还是看书吧。"虽然不允许秀茨离开校园，但秀茨的父母却怀着一腔热情参与其中。在马丁·路德·金演讲的过程中，秀茨一直在激动地尖叫，她知道也许父亲就走在华盛顿游行的前排队伍中。父亲也是民权运动的领袖之一，秀茨相信他说的话，相信他做的事。

民权运动在1963年达到高潮。这一年，在南部11个州的115个城市，发生930起抗议示威。亚拉巴马州伯明翰市被马丁·路德·金称为"美国种族隔离最彻底的城市"。

到了20世纪60年代，黑人民权运动面临一个重要的选择：是继续走马丁·路德·金提倡的非暴力抵抗道路，还是采取暴力行动。当时，民权运动中涌现出了以马尔科姆·艾克斯为代表的激进派，主张用暴力去推翻白人种族主义的统治。这对于非暴力的派别是个很大的挑战。

随着大规模抵制种族隔离行动的普遍开展，黑人选举权问题被提上了议事日程。黑人领袖们看到，如果坚持非暴力的方针，那么必须同时为黑人争取到平等的政治权利，否则种族冲突只能更加激烈。马丁·路德·金创建的组织“南方基督教领袖会议”在60年代初便着手推动黑人选民登记的活动。

当时的肯尼迪政府对黑人选民登记采取了积极鼓励的态度。从共和党的艾森豪威尔到民主党的肯尼迪，白宫不断为种族冲突所困扰。在民权运动风起云涌的时候，白宫最担心的就是出现更多的种族冲突，特别是暴力冲突。1961年6月，司法部长罗伯特·肯尼迪（总统的弟弟）专门召集了以“南方基督教领袖会议”为主的民权组织的会议，建议这些组织将登记选民、发动黑人投票作为主要工作。同时，政府也答应大力推动民权立法。

从1962年开始，各个民权组织开展了一项名为“选民教育计划”的运动。根据这项计划，民权组织的志愿工作者深入南部各州，包括一些边远地区，宣传黑人选民投票的重要性，帮助他们登记投票。当时在100多个边远的县里面，黑人选民占了人口的大多数。所以民权运动领袖们认为，如果能够成功地发动这里的选民，就有可能将一批黑人选入政府，从而改变白人种族主义者控制南方各级政府的状况。

“选民教育计划”第一年的工作颇有成效。他们成功地登记了1386000多位黑人选民。但是，这点成功的确来之不易。志愿者们深入南部贫穷的乡村，挨家挨户去敲门，动员选民。许多来自北方的热情的白人大学生在这里人生地不熟，当地的黑人在三K党的威胁下也不敢接待他们。

在密西西比州，白人种族主义者最为猖狂。他们采取了烧毁黑人教堂、向民权运动参加者家里扔炸弹等各种暴力方式去威胁登记投票者，甚至不惜对民权分子进行谋杀。在1962年登记选民工作期间，密西西比州有37个黑人教堂被烧毁，6名运动参与者被杀害。而经过整整一年，该州只有1200名黑人选民成功地进行了登记，是黑人选民总数的1/375。

民权运动在1964年组织了著名的“密西西比自由之夏”活动。1000多名以北方年轻的白人为主的志愿者进军密西西比，其中包括了许多激进的犹太人，去组织当地的选民登记。这些志愿者先在俄亥俄州受训两个星期，之后前往密西西比。在活动开始一个星期后，有3名青年志愿者失踪了，其中一名是密西西比当地的黑人，两名是来自纽约的犹太人。几个月以后，警方发现了他们的尸体。他们死前都遭受过毒打。

这3名青年的谋杀案拨动了美国人的良心。在这样的背景下，约翰逊总统1964年推动国会通过了新的民权法案，禁止在学校和公共场所实行任何形式的种族隔离。有意思的是，为了争取南方议员的赞同，这个法案不仅仅针对黑人，而是规定禁止种族、肤色、宗教信仰、性别、民族等一切方面的歧视。因此，新的民权法案的影响远远超过了种族，而是涉及各个方面的平等权。

的确，从这个法案通过之后，南部的民主党人就逐渐转到共和党中去了。但是约翰逊总统却在1964年的大选中赢得了压倒性的胜利。他获得了黑人选票的94%。到1964年，500万具有投票资格的南部黑人选民中，有一半成功地进行了选民登记。到1965年，约翰逊总统再次推动国会通过了“投票权利法案”。根据这个法案，投票的文化教育程度的测验被定为非法；一个地区的少数民族如果登记率不足50%，联邦政府机构就要出面去登记；法案还授权司法部官员去监督投票。另外，1964年通过的宪法第二十四条修正案中规定了投票税违宪。

作为塔斯基吉大学的一名学生，秀茨参与了抗议不公正地划分选区的游行。所谓不公正地划分选区，是指在城市中重新划分选区界线，将处于选举年龄的黑人排除在外的措施。

塔斯基吉大学一名教授，也是秀茨的老师，把塔斯基吉大学这一次关于不公正划分选区引发的事件提请美国最高法庭裁决，结果赢得了诉讼，由此结束了不公正划分选区的实行。

正当黑人争取民权的努力渐露曙光之时，不幸发生了……

1968年4月，马丁·路德·金前往田纳西州的孟菲斯去支持正在罢工的清洁工们。他住在洛林汽车旅馆。4月4日晚饭前，他靠在二楼300号房间的阳台栏杆上，正在和同事谈话。这时候，从街对面的一幢普通公寓里传来了枪声，子弹穿过金的脖子，在颚后爆炸，炸断了颈骨，他往后倒了下去。马丁·路德·金的女儿约兰达在回忆她的父亲时说，她父亲生前早就预感自己活不过40岁，甚至在遭暗杀的前一天已有所觉察。

马丁·路德·金被暗杀之后，民众在亚特兰大举行了几场悼念活动，秀茨参加了几场在市中心举行的活动。对于每一位美国黑人来说，这是一个历史性的事件，这一事件赋予更多黑人源自心灵深处的力量和决心。

金的献身，其意义在于激励了很多后来的领导人获得奋争的勇气。这些领导人包括科林·鲍威尔（美国第一个黑人国务卿）、康多莉扎·赖斯（美国前黑人女国务卿）、杰西·杰克逊、美国现任也是第一位黑人总统巴拉克·奥巴马。

卡尔·罗杰斯博士，一位被广泛报道和广受尊敬的国际心理学家。他的非指示性疗法（non-directive therapy）以及无条件接受（unconditional acceptance）的基本原理深深地打动了秀茨。秀茨做梦也没有想到，这位享誉国际学术界的权威专家，会邀请自己参加一个重要的国际项目。秀茨与卡尔·罗杰斯博士相处期间，时刻都能够感受到他的思想和哲学的指引。秀茨的大部分世界观以及她对于世界和平所抱有的希望，都与卡尔·罗杰斯博士息息相关。

秀茨与卡尔·罗杰斯博士最后一次见面是在奥地利的拉斯特（Rust），那时尼加拉瓜的桑地诺主义者和反政府武装人员正在进行战争，敌对双方在奥地利这一中立国家会晤，秀茨参与的这次会议是一个为期一周的社会科学研究，而卡尔·罗杰斯和其他著名专家则作为协调人出现。结果，卡尔·罗杰斯就此进行的实验研究是非常成功的。美国黑人非暴力民权运动与卡尔·罗杰斯的基本观点有着惊人的相似。

秀茨一直跟随罗杰斯博士（从事研究）直到他与世长辞。直到今天，秀茨仍然信奉他的无条件的爱与尊敬的哲学。

如今在塔斯基吉大学校园内矗立着一座醒目的蓝白相间的建筑，那就是纪念美国黑人争取民权的斗争和历史人权纪念馆，同时也是美国人权与多文化研究中心。该中心的标志是三个不同种族的人侧面照，代表着各种族人权平等、和解和团结……

超越自我

1959年，秀茨在塔斯基吉大学毕业后继续在这里攻读硕士学位，1960年毕业。之后，秀茨到了一所社区学院担任辅导员，在从事

塔斯基吉大学校园内的人权纪念馆标志，三个不同种族的侧面照，代表着种族和解和团结。

了短暂的教育和咨询工作之后，她开始希望有更多的发展机会，于是，她决定去纽约。

她先获得了纽约大学的全额奖学金，在纽约城工作了一段时间。也就是在这期间，秀茨对未来的发展目标逐渐明晰起来，她决定开始高等教育的职业生涯。

纽约大学夏季工作过后，秀茨申请到哥伦比亚大学学习。为了进这所大学，秀茨接受了最为苛刻的考试。秀茨凭借出色的成绩，从哥伦比亚大学拿到了4个奖学金，可以说是一笔充足的奖学金，从而获得在哥伦比亚大学学习一年的机会。

完成哥伦比亚大学的学业后，秀茨受邀参与哈佛大学的学术研究课题。课题研究结束后，秀茨准备去南方，申请到佛罗里达州立大学攻读博士学位。

如果说前几次秀莰的求学之路还颇为顺畅的话，那是因为毕竟在纽约。回到南方，秀莰可没有那么幸运了。当秀莰来到佛罗里达州立大学时，校方为秀莰入学设置了障碍。

佛罗里达州立大学的校方对秀莰说："很抱歉，秀莰女士，你没有入学资格。"一听自己没有资格入校，秀莰震惊了，她不能相信。为什么？自己已拿到4个奖学金，并且通过了米勒类推测验（the Miller Analygist Test，简称MAT）[①]，难道还有什么问题？

佛罗里达州立大学的答复是："你没有参加GRE考试，你参加的是两个毕业考试。"

事实上，当时，佛罗里达州立大学还没有接受过黑人学生，此番阻挠的意图无非是设法让秀莰望而却步，但秀莰坚决不妥协，坚持说"不！"

秀莰找到佛罗里达州立大学的校长说："我从哥伦比亚大学得了4分，你们凭什么不让我入学？假如我不能入学，你们就侵犯了我！我有权利通过合法途径来维护我的正当权益！"此时，秀莰的语气是坚定的。

校方回应说："我们会考虑是否接收你，但前提是你应该参加考试。"但秀莰坚持不参加考试。"我说到做到，好吧，随你们处置吧，我不会因为一时的利益而改变立场！"

也许正是秀莰的父母亲使她相信，自己没有什么局限，最终奇迹还是发生了，秀莰被佛罗里达州立大学接纳，要知道事情原本不

---

① 米勒莱推测验，这是一种通才测验，内容包罗万象，举凡地质学、历史学甚至文学艺术，全都涵盖在内。该测试被一些美国研究院的入学考试普遍接受。

会那么容易。

但有趣的是，多年以后，也就是在2001年，秀茨获得了佛罗里达州的年度杰出教育家奖。2003年作为荣誉校友回母校领奖时，校方专门把老校长接回来为秀茨颁奖。当秀茨见到他时，他说："我是从……来的。"哦，秀茨明白了，老校长已经退休，是为颁奖这件事专程飞过来的。

当秀茨领奖时，她看到老校长也在沉思，她对老校长说："当年您不愿接受我入学，您还记得我当时对您说过的话吗？"老校长微笑着说："当然记得，你说'要知道，这是一个错误，不让我入学将是一个错误！'"老校长说："从你的眼神里我看出，你是很认真的。

题名为"融合"的雕像矗立在佛罗里达州立大学的校园里。该雕像是为了纪念非裔美国人在该校种族融合的道路中所作出的贡献。这三个形象，一个是代表1965年第一个非裔美国人毕业生，一个是第一个身着佛罗里达州立大学运动装的非裔美国人，还有一个是代表第一个返校的非裔美国校友。

你说‘你要为你的错误负责，我会让你走人的！’”秀茨笑了：“因为我的傲慢，促使您作出了最后的决定。”老校长说：“我知道我最后的决定是正确的，我要对你说的是，你不会像你说的那样对付我的。”的确，秀茨也曾虚张声势，说自己有一个律师，但实际上当时五分钟的律师费自己都负担不起。

秀茨读博年代的学术背景

20世纪60年代，秀茨经过一番争取进入美国佛罗里达州立大学（FSU）教育学院攻读博士学位。

时代背景会影响学生进入大学的目标和他们想要获得的东西。此时佛罗里达州立大学正处于转型期，该校本来是一所男子大学，最初主要是响应国家的号召，让战后更多的男子进入大学学习，后来开始面向女子招生，男女同校。60年代末到70年代初，师资力量明显增强，学校招聘了大量的有高学历、研究能力强的教师，整个学校开始了大量的项目研究。教育学院在全校的学院中排名第二，仅次于艺术和科学学院。

此时，咨询专业依托很多科研项目发展起来。最初，咨询跟社会工作和心理学建立起联系，大部分课程关于如何帮助人们建立成功的信仰，也就是告诉人们不要意志消沉，要看到事情积极的一面，积极创造条件，挖掘个人潜力，这也支持了心理学的发展。

秀茨是在咨询专业处于发展上升的黄金期进入这一专业领域的。应该说，进入这个专业的人都是一些比较有想法的人。那个时候，如果想当一名咨询师，只需硕士学位就够了，没有必要念到博士；如果你拿到了咨询专业的博士学位，那么这个学位会帮助你成为这个专业的领导者。

在那个年代，咨询专业还没有细分化，专业设置和人才培养方向都还比较笼统，基本上是拿到学位后，再根据自己的兴趣从事相应的工作。

秀茨做博士论文时正赶上了天时地利的好时候。那个时候许多大学开始涉猎统计学课程，其影响是积极的，教育学院也有数据统计研究传统。秀茨对咨询专业充满了热情，个人的理论见解也很独到。与她交谈，你可以了解到，她对这一专业领域的历练和感悟。

一段孤独的时光

攻读博士学位，是秀茨一生中一段难忘的经历，也是最孤独的一段时光。是的，唯一的黑人，全部是博士课程，要么在图书馆，要么在家里，没有去过俱乐部。但也正是佛罗里达州立大学这段不平凡的经历使她得到了成长，为她未来的职业生涯做了充分的准备。

20世纪60年代，美国国内局势不是很稳定，民权运动此起彼伏。那时，一个黑人要想取得成功，所面临的挑战要远比今天多得多。有些人对黑人有很多荒唐的看法，认为黑人在各方面都是低人一等的。FSU校长打破了所有阻碍，允许非裔黑人在佛罗里达州立大学学习，教育学院很自豪有招收非裔美国人的历史。

当然，秀茨进入学校时，也面临重重阻碍。

秀茨在家乡是被呵护着成长的，父母为秀茨和姊妹们首要做

佛罗里达州立大学。摄于2012年8月

的事情，即在孩子们周围划了一道防护圈以保护他们。但如今，他们不必再这样做了，因为秀茨的父母知道秀茨正面临新的机遇和挑战。

人们会想，她是一个黑人，而且是一个女人，肯定不会有所作为。当有人画出一道边界对秀茨说，你能做这个，你不能做那个，你只能做到这个极限时，最初，也许秀茨不知道会怎样，但她会学着跨越。秀茨会分辨然后跨越过去。她用自己的行动向师生们证明某些想法纯属无稽之谈。

秀茨在一个陌生的城市靠奖学金生活，在一年之内拿到博士学位。1969年7月25日，秀茨完成了博士学业，她在整个博士期间平均成绩都保持在A。

秀茨女士成为第一位在佛罗里达州立大学获得咨询管理专业

博士学位的非裔美国黑人女性。在一个完全由白人、男性主导的专业领域里，秀茨克服了种种歧视和挑战，成为一名出色的博士毕业生。

人们觉得，秀茨真是聪明绝顶。她就是这样的一个人，她知道自己想要什么，她自己想要成功，也不计回报地想帮助他人成功。她的信念是，只管做你想要做的，你的精神支撑着你奋斗，周围的人也会认可你。正是在这里，秀茨遇到了几个相信自己的人，有学生，有同事。他们帮助秀茨超越自我，而秀茨也确实做到了。

1970年6月13日的佛罗里达州立大学毕业典礼上，秀茨被授予哲学博士学位。秀茨的亲属见证了毕业典礼：贾奇·秀茨夫妇；两位姐妹——廖碧儿女士及其在尤托的家庭，罗伯塔·福斯特女士及其在佛罗里达州圣彼得堡的女儿；一个兄弟——赫尔曼·秀茨先生及其在西南路易斯安那大学的家庭；两个姑姑——尤托的维尔玛·古德森夫人和加利福尼亚州圣地亚哥的日内瓦莫罗夫人；亚拉巴马州塔斯基吉研究所的A.W.夫妇。

是的，1970年6月13日这天，是这家人在佛罗里达州塔拉哈希的大聚会。

秀茨先后在亚拉巴马州的塔斯基吉大学获得英语历史学士学位和咨询管理硕士学位，在佛罗里达州立大学获得咨询和管理博士学位。秀茨做过多次博士后研究，三次在哈佛大学的夏季学期，一次在英国牛津大学。秀茨获得过许多荣誉学位，包括波士顿马萨诸塞大学授予她的荣誉法学博士等。

漫长的求学路不仅使她接受了正规和系统的教育，也使她获取了真正的人生奋斗的信念。

秀茨从未觉得自己作为一个女人有什么弱势。“我知道如果我对于作为一个黑人和一名女性的生存状况感到愤怒的话，我是无法成长的。我只有教导他人战胜社会所施加的挑战，我才能够成长。”她认为，作为女性，必须要克服二等公民的感觉，要为自己的生活负责，能跟男同事一样并驾齐驱，甚至更加出色。

初涉人生职场的历练

管理者必须学会公平合理地进行管理，为他们的管理人员成长创造一个积极的氛围；必须学会提升担当领导的员工在教育中的中心角色；必须学会倾听学生的声音，尊重并引导学校董事会，给予所有教职工平等的权利。公正合理地对待他人；给予他们足够的尊重；开阔他们的视野，帮助所有的人取得成功。

——玛维琳娜·秀茨

就职后，在秀茨丰富的高等教育履历中，她曾在多所大学担任高层领导职务。曾先后担任过加州圣迭戈州立大学（San Diego State University）的行政管理高层，亚利桑那州立大学（Arizona State University）的副校长，1990至1994年8月，秀茨女士担任明尼苏达大学双城分校的副校长，负责学生工作，同时担任副教务长和教育心理学教授。

第一次婚姻

秀茨完成博士论文后，就奔赴佛罗里达州的圣彼得堡（St .Petersburg）开始了她的第一份工作，在佛罗里达州圣彼得堡学院担任心理咨询师和教育学教师。她在那儿独自工作生活了一年。也就是在那里，秀茨遇到了她的第一任丈夫——克里斯托弗，圣彼得堡学院的音乐教授。

所有的人都看得出来，克里斯托弗具有一种浪漫的艺术家的气质。他们彼此相爱，不久就结婚了。他们定居在佛罗里达的圣彼得堡，育有一个儿子——简·克里斯托弗。

但很快，秀茨就意识到自己婚姻选择的错误，虽然她和克里斯托弗都受过高等教育，但他们的价值观相去甚远。克里斯托弗是一个安于现状的人，对于未来并无太多的畅想，这让对未来充满梦想的秀茨很失望，越来越多地不和和争吵笼罩在这个年轻的家庭中。

这一段婚姻维持了五六年。为了尊重自己，秀茨没有征得家人的同意，甚至没跟他们说，就办理了离婚手续，离开了佛罗里达。当秀茨的家人知道了秀茨婚姻的变故时，所有的人都认为这对于秀茨来说是一个正确的决定，因为他们都了解秀茨的个性。

离婚以后，孩子作为彼此联系的纽带，秀茨和克里斯托弗还一直保持着友善的朋友关系。秀茨有时会回佛罗里达去看望他，但是，多年以后，当秀茨看到克里斯托弗依然住在当初他们婚后在圣彼得堡买的小房子里时，她极其感慨地说：“哦，这就是他的生活！如果现在我还住在这样的房子里，我真的无法忍受。”

邂逅大卫

博士毕业后，秀茨曾在佛罗里达州找到一份工作，但他们既不付工钱，又没提供正式邀请，于是秀茨就拒绝了这份工作。但是后来他们突然给秀茨打电话说："我们已经找到提供给你工作的资金，你想申请一下吗？你想来这里吗？"秀茨说："好吧！"于是，秀茨就选择了这份工作。

秀茨初次去见老板，就问他："您就是我的老板吗？"他说："哦，我猜是吧。"这个所谓的老板就是大卫，也就是秀茨的第二任丈夫。

起初，他们相处并不和睦，原因是大卫跟公司签订了一个合约，让秀茨很不理解的是，明明合约规定大卫做75%的工作，秀茨做25%的工作，但是，大卫不断给秀茨安排工作，没有人告诉秀茨，只要做25%的行政工作就可以。后来，秀茨想，这个人凭什么可以随意指派我？

当二人在一起合作完成这项工作后，大卫回到在摩根（Morgan）的工作岗位，他有时会回来看秀茨，指点秀茨的工作，因为秀茨已接手大卫以前的工作。但不久，大卫又回来了，他们又在一起工作了几年。大卫对老板说："不用再雇新人了，秀茨以前做过这些工作，不管怎样，秀茨就是我办公室需要的人。" 事实上，正是大卫才使秀茨有机会得到这份工作。

改变自己的生活需要很大的勇气，但当你做了决定，你就要继续前进，寻求自己想要的生活。

所幸的是，秀茨遇见了大卫。大卫是一位非常有经验的心理学家。对于秀茨来说，和大卫结缘，大概在于彼此了解对方的专业。

后来，秀茨在圣迭戈大学教课时，也做咨询服务；大卫在那儿有一些私人服务，他们的专业相同，所以在一起做过很多教学工作和关于心理学咨询的事务。可以说，他们在工作和志趣上有太多交集，彼此倾慕，惺惺相惜，这促使他们结为夫妇走在了一起。

圣迭戈有一座教堂，他们在一起做过很多志愿者的工作。比如，一些夫妻经历了婚姻变故，再婚的时候，一方或者双方带着孩子，在这个新组建的家庭中，这些孩子就是继子，而继子在新家庭的融入中总会面临诸多问题，大卫对继子这个领域很有研究。牧师给大卫介绍过很多客人做咨询，在别的有困难的夫妻面前，秀茨和大卫都是心理学家，又是非常和谐的夫妻。夫妇一起做过很多国家级的演讲，人们也都非常喜欢他们的演讲和心理疏导。

加州圣迭戈州立大学客观面对工作

秀茨最早从事行政管理工作是在加州圣迭戈州立大学（San Diego State University）。她曾经在行政管理岗位上工作了几年，然后又回到教学岗位上。有一天，校长给秀茨打电话说：“先让你在行政管理岗位干几年，然后又让你回去教书，希望你能理解所发生的一切。”秀茨说：“哦，您做的是对的。”

这是一位非常明智的校长。他对秀茨说：“我正要把你推荐给哈佛的一项有关高校管理的动机培训项目，因为你在这一个职位做了几年，刚好完成任期，我要把这个项目组的成员叫来，让他们来评估你的表现。”校长又给秀茨讲了些情况，希望通过这个项目对高校管理有所帮助，秀茨当即同意了。

因为这个计划，秀茨去了哈佛大学。该培训项目的一位教授花了许多时间跟秀茨深度交谈，他最后给秀茨的结论是：“当你是一位行政管理者时，你是会把问题客观化的。”

秀茨非常喜欢这位前任校长，还有她身边的老师们，所以秀茨在那里待了4年时间。

有一个礼拜天，校长带着秀茨和其他几位老师去喝下午茶。加州午后的阳光温暖而惬意，落座后，大家像往常一样彼此亲切交谈，思想的潮水此起彼伏，激情的火花时不时地迸射出来，就在秀茨尽享无比畅快的沟通之时，校长略有所思地对秀茨说：“秀茨博士，现在你要考虑一下当校长的问题了。”完全没有想到的话题，蓦地，秀茨有些僵住了：“您知道您在说什么吗?” 秀茨回过神来，几乎快要跳起来了！校长平静地说：“我只是把我的想法说给你听，现在是时候了，你该去申请当校长了。”秀茨惊诧地喃喃自语：“可我从来没有想过……”校长说“那你现在就想想吧！”

很显然，一个巨大的挑战呈现在秀茨面前，但毫不犹豫地，秀茨当即就说：“我想要做！我马上着手去申请。”

后来，秀茨才知道因为校长要离职，一位校长离开，谁都不知道人事任命会发生什么变化，行政人员会对自己的去留安危感到紧张。校长不想让秀茨遇到困境，在他任职的4年里，他把太多的精力放在了秀茨身上，他清楚秀茨的能力和潜力。无疑，校长的提议是正确的，秀茨申请亚利桑那州立大学副校长一职，只花了一个月的时间就得到了批准。

亚利桑那州那短暂而痛苦的一章

亚利桑那州立大学（Arizona State University，简称ASU）是一所公立大学，也是美国西部十所具有最高研究水平的学校之一。“十佳”大学包括明尼苏达大学、密歇根大学、爱荷华大学和俄亥俄大学等。能进入这一行列的大学，其硬件必须要有设施完备的图书馆，软件是教师和研究项目要十分出色，往往还会有全美最好的足球队，当然这不是重点，但有最棒的足球队会使大学与众不同。

经过层层面试之后，秀莰收到亚利桑那州立大学副校长的任命通知。能加入“十佳”，就意味着加入了美国高端大学的行列。这对秀莰来说，既神奇又充满了挑战。

秀莰在亚利桑那州立大学待的时间最短，只有两年。那里的夏天气候实在太热了，秀莰几乎不能待在那儿，但如果不是因为亚利桑那州州长梅卡姆（Meecham）是赤裸裸的种族主义者，秀莰是可以忍受那里的气候的。

因为秀莰是黑人，州长梅卡姆很不喜欢秀莰位居美国亚利桑那州立大学副校长的职位，更不喜欢秀莰的那套国际化的招生策略。于是，他试图通过控制秀莰管理的资金来控制秀莰的行为，他希望秀莰把钱都用到白种学生或者男学生身上。

秀莰不想跟他打交道，但这位气焰嚣张的州长一再给秀莰压力，秀莰处于两难境地。

为了进一步侮辱黑人和其他非白种人，当美国其他州都赞同马丁·路德·金纪念日为国定假日时，州长梅卡姆却不批准。此时，秀茨感觉自己的心被深深地刺痛了。

面对种族主义抬头的行径，很多人权团体已经开始罢免州长的努力，秀茨曾经挣扎过，她内心的召唤是，必须向种族主义进行有力的回击。

此时，秀茨已当选全国高等教育协会的主席，该协会准备在亚利桑那州的凤凰城举办会议。会议的召开，将给凤凰城带来数千万美元的收入。

秀茨意识到这是对种族主义者进行回击的一次机会，于是，秀茨告知该组织董事会，为抗议州长的种族主义行径，反对在凤凰城召开重大国际会议，如果他们执意召开，自己将辞去协会主席一职。董事会理解秀茨的情感，并接受了秀茨的建议，取消凤凰城的会议。

之后，这位具有种族主义倾向的亚利桑那州州长来到秀茨的办公室。他威胁秀茨说，必须为其“错误”道歉以挽回影响，否则后果将不堪设想。秀茨轻蔑置之。她的选择是明确的，“不道歉！”由此，其他各个组织也相继取消了在亚利桑那州的活动及会议，使该州损失了几十亿美元。

秀茨相信人生来平等。作为非裔美国人，当种族歧视发生时，自己不能保持沉默。她相信自己做的是正确的。无疑，这件事的影响是巨大的，不仅对秀茨本人，乃至对美国的人权事业。

以包容之心面对不同的校园文化

1990至1994年8月，秀茨任明尼苏达大学双城分校（University

of Minnesota, Twin Cities，简称UMN）的副校长，负责学生工作，同时还担任副教务长和教育心理学教授。

秀茨申请明尼苏达大学双城分校副校长时，该校收到了近300份申请书。院方成立了专门委员会，对申请人进行面试。最终秀茨在众多竞争者中脱颖而出。

早年，北欧的斯堪的纳维亚人来到明尼苏达建立了该州。瑞典人、挪威人、芬兰人，越来越多的斯堪的纳维亚人来到这里，所以这里也被称为美国的斯堪的纳维亚。

斯堪的纳维亚人善良、文明、聪明，他们大都接受过高等教育，而且他们的智商都到达了平均水平，所以，明尼苏达州人也是美国最聪明的群体之一 。斯堪的纳维亚民族自身有非常美妙的文化，他们对文化的重视程度也比美国的其他地方高，对文化的投资力度也非常大。

位于密西西比河畔的明尼苏达大学始建于1851年，经过157年的发展，已经成为拥有5所分校、370个专业、6万多名在校生及众多国内外知名教授、学者的高等教学和研究机构。明尼苏达大学是美国最具综合性的高等学府之一，位居最负盛名的大学之列，是世界上最好的研究型大学之一。

明尼苏达大学的校友包括 23位诺贝尔获奖者、1位前美国首席法官、2位美国前副总统以及多位排名美国财富 500 强的企业巨子。许多世界顶尖的技术和发明在明大诞生：飞行记录器（黑匣子）、可收取式汽车安全带、心脏起搏器、心肺呼吸器等。明大进行过人类历史上首例成功的开心手术，拥有世界上最大的肾脏移植机构。明大的科学家培育并推广了80个新的农作物品种。

明尼苏达大学的5个校区，最好最著名的便是双城分校，各个美国大学排行榜上所指的明尼苏达大学也一直默认为双城分校，而平时人们常说的明尼苏达大学也一向被默认为双城分校。明大双城分校位于连续多年被评为全美生活环境最佳、最安全的明尼阿波利斯市和圣保罗市的双城中心。

明大双城校区由 20 所院校组成，提供 370 多个专业，包括法律、商业、医学、普通文科、农学、科学和工程等。明大有权授予161 种学士学位，218 种硕士学位，114 种博士学位和 5 种专业学位。双城分校很多学科在全美始终名列前十，包括化工系、机械工程系、心理系、经济学系、信息管理系、药学、大众保健、教育系等等。很多专业排名都居全美前二十，如化学工程全美前三，应用数学全美前五等。该校的化工专业尤为突出，曾经连续二十几年排名全美第一。2011年，托马斯·萨金特（Thomas Sargent）和克里斯托弗·A.西姆斯（Christopher A. Sims）两位校友再次问鼎诺贝尔经济学奖，两人均在明大任教二十余年，其获奖主要成果都是在明大任教期间完成的。

明尼苏达大学双城分校的大多数人是斯堪的纳维亚人，秀茨是那里少有的黑人之一。秀茨喜欢那里，在秀茨眼里，明尼苏达州非常有趣。

一次，开校董事会时，突然，秀茨听到屋里所有人爆发出哄堂大笑。秀茨坐在那儿，心里想，他们在笑什么呢？秀茨对他们说："难道没人发现我对这些笑话笑不出来？你们在开玩笑的时候，我不知道你们何乐之有？当然，我并不介意。"听到这番话，他们有些震惊，都说："哦，我的天哪，我们把你当成自己人了。"然后告诉秀茨笑的原因。秀茨明白这就是文化差异，自己不太懂斯堪的纳维亚人的文化，但是对她来说，与不同文化的人共事也是非常有趣的经历。

在明尼苏达大学期间，秀茨不仅是负责学生事务的副校长，还是学务部副部长。这期间，秀茨既做研究，也给学生上课。每次上课，教室里的人都是满满的。在秀茨心目中，在学校教书，不仅是传授知识，更重要的是传递积极正向的价值观。教育的关键是让学生们通过学习完善自我。

秀茨负责学生工作，要面对学生的各种问题和诉求。慢慢地，秀茨越来越深切地领悟到，必须也应当赋予全体教职员工和学生应有的权利。大学中的文化各不相同，自己应当努力做到的是，了解每一个群体的文化，倾听他们的声音，努力赋予他们权利。

与此同时，秀茨在这里看到了团结的力量。斯堪的纳维亚人的团结给予秀茨深刻的启示。

梦想与超越的阶梯

我希望我已经改变了CSUS的形象，我希望CSUS的每一位成员能为在一所高质量的大学学习和工作而感到自豪。

——玛维琳娜·秀茨

1994年8月，玛维琳娜·秀茨出任加利福尼亚州立大学斯坦尼斯洛斯分校（California State University, Stanislaus,简称CSUS）的第六任校长。她是加州州立大学历史上三位女校长之一，也是CSUS的第一任女校长，同时，还是该校第一任少数族裔校长。

加州州立大学斯坦尼斯洛斯分校位于加州中部的特洛克（Turlock），成立于1957年。在秀茨到来之前，CSUS还是当地很小的一所大学，没有什么社会影响。

1994年至2005年,秀茨在这里任职，由于秀茨的到来，不仅使该校各方面的工作得到了前所未有的推进，接踵而至的殊荣更是该校史无前例的。秀茨任职期间，该校在校注册学生增长了40%，募集资金增长416%。秀茨为CSUS做的最重要的一件事就是为这所学校带来了地位和名誉。

秀茨一手把CSUS从一所名不见经传的大学建造成一所令师生们自豪、为美国社会所赞誉、具有国际影响力的大学。秀茨杰出的教育管理才华在这里得到了充分展现。

与CSUS结缘

之所以能跟CSUS结缘，不能不提到贝芙·芬利女士，因为正是芬利在1994年把秀茨引进CSUS。芬利是CSUS校长咨询委员会的主要成员之一，兼任前任校长约翰·摩尔（John Moore）的顾问。当时，包括秀茨在内有20多位校长候选人前来面试。

第一次见面，芬利记忆深刻，那是在校董事会的见面会上。当秀茨到来时，只见她身着藏蓝色套装，上衣的领口处镶嵌着白色滚边，脚下是一双黑色高跟鞋，浅褐色的卷发显然被精心打理过。长途的奔波使她看上去略微有些疲倦，但她依然微笑着，充满活力。

尤其，当她向董事会阐释学校的发展前景时，她谈吐优雅得体，整个人都好像散发着光芒。秀茨认为一所大学应该不断向前发展，不断完善。她用了“西部的斯坦福大学”这个称号来描绘CSUS的愿景，在场的董事会所有成员都被秀茨所展现的能力和远见深深地吸引。“我愿意承担责任，更愿意把工作当作一种乐趣”，的确，她的眼神里迸发出一种极具感染力的激情和快乐。芬利暗想，哦，这就是人们所说的“精彩的”的玛维琳娜·秀茨吗？她的诉求、她的装束以及她所表现出的风度和视野，看上去真是那么地与众不同！没错，此前，秀茨已在多所大学担任副校长，如亚利桑那州立大学、明尼苏达大学双城分校，多年的历练使她知道一所出色的大学应该具备的风貌、内涵和使命。

当天，芬利亲眼目睹了秀茨跟学生交谈，跟教职工交谈，跟社区居民交谈。后来，她们一起参加各种正式的商务活动，芬利也观察过秀茨在不同场合的表现。芬利曾任加州斯坦尼斯洛斯县一所医院的院长多年，她非常积极地参与了很多社会活动。作为一名担任管理工作多年的职业女性，芬利心里很清楚，要想带领职业团队取得成功，必须拥有良好的沟通才能，要能与任何人进行友好交流。此时，看着秀茨游刃有余地与周边的进行人交流，芬利敏感地意识到，秀茨不仅具有个人魅力，而且十分平易近人。

整个过程，秀茨的丈夫大卫一直陪伴着她。紧张忙碌的一天过去后，芬利送他们去酒店休息。告别时，芬利看到这位充满自信的女士用手搀着大卫，那真是温馨的一幕。由此，芬利看出秀茨是一个关心他人的人，而这一点非常重要，招聘委员会的其他人员后来也证实了这一点。秀茨浑身散发着一种温暖人心的光芒，这种温暖的力量同她的效率、她的远见和她的组织能力一起，使她在董事会上的第一次亮相就如此引人注目。芬利相信，秀茨具有出色的领导才能，这正是自己一直在寻找的。

后来，芬利夫妇和秀茨成为非常亲密的朋友。真正将她们联系在一起的不是工作，拿芬利丈夫的话来说，两个分别在大型组织担当首席管理者的女性成为朋友是很自然的事，因为她们有相同的视野、近似的品位和投机的话题。

在芬利夫妇眼里，秀茨是一位优雅、智慧、迷人的女士，很平易近人，并且善于倾听。她用她的这些才能引导着学校和社区不断发展，她不仅成功地建设了一所更为出色的大学，还一直帮助别人，使别人变得更好。

新的使命

几番考察之后，1994年秀茨成为CSUS第六任校长，也是该校历史上第一位黑人校长。对于秀茨来说，在白人聚集区工作，打破种族的隔阂已经不是什么新鲜事了，早在1969年，她就在白人一统天下的佛罗里达州立大学获得管理与咨询专业的博士学位，而且是该校获此殊荣的第一位黑人。此刻，她将面临着新使命。

从校园里穿过，偌大的校园只有两栋建筑物，对于当地人来说，这里更像是一所走读高中，因为这里没有住宿的学生，完全没有一点儿大学的感觉。秀茨之前所在的明尼苏达大学双城分校有上万名学生，而此时的CSUS只有4000名学生。学校跟商业社区没有什么联系，而跟社区之外的世界更是几乎隔绝，有人甚至给学校取了一个绰号“火鸡大学”，因为当地有许多养鸡场。

逐渐地，秀茨意识到这所学校缺乏的不仅是必要的规模和发展空间，实际上当下真正缺乏的是一个大学不可或缺的价值观念——自尊。是啊，望着树木稀少的校园，到处是垃圾和没有开发的土地，人们怎么可能拥有对学校的认同感和自豪感呢？一种使命感油然而生，秀茨决心要把这所不为人知的学校变成一所真正有名望的大学。

很显然，为师生们创建一个美丽的校园是秀茨所要做的最重要的事情之一。

为了获得支持，秀茨经常在董事会上讲述她对未来的展望，向大家描述学校的发展方向，通过这种方式，让每一位董事会的成员都了解她的愿景并深受鼓舞，进而去支持她。事实上，一名领导的职责就在于他要有远见，能把这种愿景讲出来，进而鼓舞大家支持他。

愿景是美好的，但建设校园的资金从何而来呢？

在美国，各个州会给公立大学拨发一些基础款项，但这些钱很有限，而且不是用来支持建设教学楼等硬件设施的，而是用于学生教育的。

大学的运转需要得到充足的资金。在美国，无论是公立大学还是私立大学，大学的非盈利性质使其发展面临着对捐资的依赖，而大学校长作为大学的首席执行官，则对募集资金负主要责任，他要想尽一切办法从州政府、联邦政府、捐赠人、学费甚至医院收入中筹集学校发展所需的经费。

早年哈罗德·皮夏罗在《哈波斯周刊》中引述过这段话：“人们指望大学校长进城去找钱。没人指望他对公共事务有什么看法，那是董事会的事。没人指望他对教育有什么想法，那是教师的事。人们只指望他进城去找钱。”①

保障并加强校园、建筑物、场地及其他基础设施的质量是学校的一项重大优先的事项，诚如温斯顿·丘吉尔曾说:“起初人塑造了建筑，后来建筑塑造了人。”②在大多数情况下，学校对资金的旺

① Harold T. Shapiro, “University Presidents–Then and Now” in *Universities and Their Leadership*, ed. William G. Bowen and Harold T. Shapiro , Princeton, NJ: Princeton University Press, 1998,p.70.

② Winston Churchill, “Speech to House of Commons”, October 28,1943.

盛需求往往来自学校各种各样的项目，然后才是校长领衔去筹集资金来支持这些项目，也就是说，基本建设费用的考虑一定是校长的责任。很显然，要想实现自己所承诺的愿景，秀茨必须另谋他法，得自己出去找钱建教学楼。

广结善缘的机缘

应该说，秀茨的经济嗅觉是很敏锐的，虽说是初来乍到，但很快秀茨就意识到这里的人很富有。

加州本来就是美国比较富裕的州，好莱坞、硅谷等蜚声世界。这里有美国著名的中央山谷，农业产值遥遥领先于其他行业，蔬菜、水果、葡萄及葡萄酒产量丰富，因此，这里还是世界闻名的“面包篮子”。CSUS的所在地特洛克正位于这片富饶的谷地。

置身其间，秀茨惊讶地发现，这里许多人拥有农场，农场种植的美味的水果、坚果等食物被运往世界各地。比如，世界最大的蛋类生产商就在特洛克。毫无疑问，在当地募集资金是有很好的经济基础的。

在美国，自愿捐助和支持慈善机构是非常普遍的事情。有些人付不起金钱，也会付出一些时间。他们会自愿为红十字会服务，或者到救助会去分发食物。比如，一对新婚夫妇，即使没有太多积蓄，也会捐助5美元。每个人都自愿做力所能及的捐助，这也是令许多美国人自豪的事情。

秀茨了解到戴安娜夫人和丈夫是当地有名望的农场主，他们经常向当地社区捐款，因为从他们的父母开始就是如此。

戴安娜夫人和丈夫都出生在莫德斯托（Modesto）。她丈夫的父母是来自亚美尼亚的移民，早年在当地积累了一些土地，后来卖掉部分土地转向商业。戴安娜夫人的丈夫没受过完整的大学教育，在加州大学读一年级时，父亲突发心脏病，他不得不中途辍学，回家打理生意，但他为人谦逊，坚持在夜校学完许多课程，包括法律。他对加州的法律非常熟悉，一心想做生意的他，虽不专攻法律，但他知道法律的重要性。这也足见他的精明过人之处。可以说，正是他的精明加上机遇，使他的生意非常成功。

随着事业的扩大，戴安娜夫人和丈夫准备进行更多的捐助。是花更多的钱捐助更多的事，还是将更多的钱捐助到更集中的领域，以产生更大的影响。而此时，机缘巧合，秀茨正琢磨如何为大学募集资金。

秀茨心里很清楚，如果想要获得这些农场主们的信任支持，就必须先结识他们，然后深入他们的农场、鸡舍，花时间同他们待在一起，了解他们是什么样的人，拥有什么样的资源。

于是，秀茨决定打电话给戴安娜夫妇，邀请他们到她的办公室共进午餐。秀茨的声音很温柔，而且富有磁性："我就想和你们认识一下，而且只有我们三人。"他们夫妻在斯坦尼斯洛斯县比较有名望，也很活跃，虽然二人对秀茨邀约的本义也是心知肚明，但秀茨的这种单独邀请还是让他们感受到了特别的礼遇。他们如约而至，整个午餐是在一种轻松闲适的气氛中度过的，令夫妇二人意外的是，谈话并没有涉及钱。

秀茨对他们说："我对你们的生意非常感兴趣，我知道你们有成千上万只鸡，你们正为世界上许多国家的地区的食品店供应鸡蛋。”戴安娜夫妇都被秀茨的诚挚所打动，他们喜欢上了她。

后来，夫妇二人得知，秀茨在办公室接待了当地很多富人。他们认可秀茨的做法，认为这就是秀茨领导力的一部分，秀茨知道如何为那些想与她共事的人创造机会，他们相信秀茨能成功。

有许多人，也会用许多方法企图说服戴安娜夫人捐助资金，但他们最终选择了秀茨，并长久地建立起亲密的朋友关系，无疑是秀茨的独特魅力发挥了作用。秀茨总是让人感觉很亲切，戴安娜夫人说：“你从来感觉不到她的失望情绪。比如，她希望你能捐助100万美元，而你只出了1000美元，但是她不会露出失望的样子，她会说‘那就下一次’。”

如果捐助没有达到秀茨的预期，秀茨绝不会让戴安娜夫人感到丝毫的失落，在交往中，秀茨总是让戴安娜夫人倍感宽慰。记得她们结识不久，戴安娜夫人第一次做祖母，秀茨为小婴儿送来一套精美的套衫，“哦！多么甜蜜的举动”，戴安娜夫人感叹道，“秀茨和我的家人一样激动和快乐，她对婴儿的诞生充满了爱意”。当戴安娜夫人另一个孙子出生时，秀茨依旧来探望。这些虽然都是些小事情，但秀茨从未错过，而且都是以私人的名义来探望。“对于许多人来讲，人与人之间总是有一道藩篱难以跨越，但和秀茨在一起，你从来感受不到隔阂，她总是那么愉悦，我爱她！”

经过一番慎重考虑，戴安娜夫人把捐助的视角投向了大专院校，此前，他们并不捐助大学，正是秀茨为他们打开了捐助大学的窗口，使他们考虑为大学做更多的事情。

在秀茨的倡议下，CSUS开创性地成立了一个基金会性质的校长俱乐部，会员费不低于5000美元，成员都是社区领袖，他们都是成功人士。在秀茨到来之前，没有类似的举措。

由此，通过运作校长俱乐部，秀茨募集到许多资金并能够有所作为。比如，举办募捐晚会，通过卖票、卖桌位、邀请朋友等方式募集资金。基金会的成员也期望该基金会能发挥更大的作用，以一种更有效的方式满足学生们的需要，因此给予秀茨极大的信任。募集的资金都由秀茨管理，因为大家都相信秀茨，知道她是在为学生做事情，她有多年的大学工作背景，她知道把钱花到什么地方。

在戴安娜夫人看来，秀茨在CSUS所完成的事业是惊人的。丈夫去世后，戴安娜夫人曾一度消沉，幸运的是，秀茨给她极大的自信，使她意识到自己不得不追求新的生活目标，必须创造一个全新的自我。秀茨邀请她参加校长俱乐部，并担任该基金会的主席，后来戴安娜夫人又受邀参加了当地四个非盈利性的慈善基金会。当笔者在戴安娜夫人家中见到她时，她愉悦的心情溢于言表："当我加入基金会时，感觉真是好极了。我很喜欢这份工作，我很享受做善事的感觉。假如秀茨说我的工作做得很好，我就更加开心了。"

秀茨亲自拜访当地商界名流，如加州佛斯特农场(Foster Farms)的主人等，并建立友好广泛的社会关系。随后，秀茨又结交了当地多位农场主，比如一位拥有奶酪厂的农场主，秀茨花了很多时间同他在一起交流，从而知道了奶酪其实是非常难做的。秀茨还尽力帮助他们，比如，世界上最大的葡萄酒酿酒厂就在这里，产量丰富，令人称奇，秀茨曾经帮助他们筹资建设市中心的酒窖盖洛中心（the Gallo Center）。

秀茨还邀请美国著名黑人明星比尔·科斯比（Bill Cosby）来

这里做演讲。比尔·科斯比被誉为美国“电视喜剧之父”，他也是一位慈善家，可以说是在白人为主的社会中获得成就、受到尊敬的美国黑人的光辉典范。①

秀莰对盖洛中心的主人说：“比尔·科斯比要来这里，我觉得他不会希望住在酒店里。”这位农场主热情地说：“哦，我们拥有私人的小木屋，里面所有的精美物品都是私人藏品,有很多独立的房间供客人居住，都具有异国风情。当然，我们还有非常可靠的安保措施。”当比尔·科斯比到来时，整个中央山谷都沸腾了。大家都想来看看大名鼎鼎的比尔·科斯比，因此来了很多人，也筹到了很多钱，那真是一个精彩的夜晚。后来证实，比尔住在盖洛中心也异常开心。

CSUS校园的蜕变

在许多人眼里，秀莰的影响力简直让人难以置信，当需要为学校筹集资金时，她似乎总能找到一些熟人或朋友帮忙。在秀莰的努力下，曾邀请来校演讲的人人物有前国务卿科林·鲍威尔、前第一夫人芭芭拉·布什、美国著名演员比尔·斯比等 。

秀莰也逐渐意识到，向有名望的人士筹集资金，要了解他们，

---

① 比尔·科斯比出生于费城的一个工人区，获得过哲学博士学位并积极参加黑人社团的活动。为母校马萨诸塞大学及其他大学设立专项奖学金，捐赠了至少2000万美元用于发展教育。比尔·科斯比温馨的喜剧，描述了日常生活中的幽默之处，使他跻身有史以来最成功和最流行的娱乐演员行列。他主演并制作电视节目、主演电影、出喜剧唱片，还写了几本书。他写的书包括：《你非同寻常》（*You Are Someone Special*，1978年）；《父爱》（*Fatherhood*，1986年）；《时光飞逝》（*Time Flies*，1987年）；《恭喜！然后呢？——给毕业生的一本书》（*Congratulations! Now What?: A Book for Graduates*，1999年）；《那一天我看到父亲哭了》（*The Day I Saw My Father Cry*，2000年）。

要向他们学习，因为他们也在观察你的言行。只要你尊重他们，尊重他们的事业，他们会很乐意为教育投资拨款，他们真的希望能够办好教育。

由于秀茨的到任， CSUS的各个方面得到了史无前例的推进。秀茨认为营建专业院系楼（DBH）是她募集资金最大的一次成功。DBH容纳了工商学院、教育学院、计算机科学实验室、学生电台、校报及最先进的教室。该建筑竣工于1998年。

随着2002年玛丽·斯图亚特·罗亚斯教育服务中心的落成，更多的成功接踵而至。较大的两笔捐款，一笔用于伯纳尔·弗罗拉·斯奈德音乐演奏大厅，该建筑完工于2002年；另一笔用于约翰·斯图亚特·罗杰斯教师发展中心，该建筑建成于2003年。2004年，能容纳650位学生的校园综合宿舍楼全部落成，随后又有生物研究楼建成。每个建筑都以捐赠者来命名，这也是秀茨募集资金的一种方式。

在秀茨领导下，通过各方艰苦的努力，CSUS又在斯托克顿市(Stockton)建立了一处新校址。斯托克顿市中心有100英亩土地，原来是一所老医院，如今闲置下来。也许是因为与州政府比邻而居，使得这块土地显得有些与众不同，所以，一直没有人敢打这块土地的主意。秀茨瞅准了机会，开始着手她的创意募捐。秀茨先找到州政府，说明加州州立大学希望得到这块闲置的土地的想法。起初，人家认为秀茨疯了，“把这块地给你？要知道，那是上百亩的土地，亿万美元”，但秀茨对他们说，“假如能把这块地给我，我会把她建成我们大学的一部分，让她形成一个有影响力的品牌，当然，我会付给你们1美元”。最终，州政府理解并支持了秀茨的创意，真把这块地交给了

CSUS教学楼里，悬挂着捐赠者的照片和生平介绍

秀茨，秀茨代表学校象征性地付了1美元。

进而，秀茨又多次游说当地的议员和社区，为建立新校区争取广泛的支持。最终与开发商签署协议，为新校园制订了长远的发展计划。当2005年秀茨卸任时，已有超过1100名学生在该校园上课。正如秀茨所言："在斯托克顿建立校区对学生们来说是件好事，该校区注定会成为市中心的典范工程，满足当地社区居民和学生们对高等教育的需求，她会成长为中央山谷的一颗晶莹的宝石。"事实上，她的远见在于，此举对斯托克顿的经济和当地居民产生了深远的影响。

这期间，校园建设的巅峰之作是造价5500万的科学楼Ⅱ，这幢综合楼于秀茨卸任后的2007年对外开放，该建筑有18万平方英尺的实验室、教室和办公室，给学生和老师提供了加州最先进的教学和工作环境。

她还通过增建宿舍和设置多种奖学金来吸引更多的学生来这里读书。

如今，CSUS校园风景如画，流水潺潺，树木成荫，别具特色的建筑在阳光下格外雄伟，宁静的池塘里逍遥游曳。还有喷泉在微风中为人们送来阵阵清凉……毫无疑问，CSUS被公认为加州州立大学23所分校中最漂亮的校园之一。

秀茨几乎主持建造了校园中的每一幢建筑，那些为学校捐助上百万美元的人，秀茨会以他们的名字来命名建筑物，这确实是一种非常有效的筹款方式。如今，坐落于CSUS的很多建筑上都有筹款者的名字、照片和简介。

秀茨以其卓越的说服力和难以抵挡的领导魅力吸引了一批忠实的支持者，成功地为学校的硬件建设和学科建设募集了资金，秀茨把这些成就归功于学校和各方的支持，“我们大学基金会的成员人脉广，而且在社会各界都非常活跃，这使我们能够受到州议员和其他支持者的关注”。

秀茨离开CSUS去迪拉德大学后，带走了一位筹款者斯特朗（Strong）。后来，斯特朗博士成为迪拉德大学副校长，他协助秀茨做了很多重要的工作。

伙伴关系推动学科建设

虽说加州州立大学是世界上具有最佳教育体制的大学之一，但

CSUS不在高水平研究型大学之列。

梭罗说："当文明改善了房屋的时候，它却没有同时改善居住在房屋中的人。文明造出了皇宫，可是要造出贵族和国王却没那么容易。"多年的大学校长经历，使秀茨意识到，对于任何想成为高等教育领导者的人而言，你必须按规则行事。当你在教学时，你必须是一位好教师，必须有出色的科研，你必须出版能为人所认可的科研成果，你必须能通过专业晋升。

为了学校向前发展，秀茨必须做一些与学术相关的事情，她必须能清晰地捕捉到社会和业界需要什么，学科的发展方向是什么。无疑，这一点她做得也是非常成功的。她相继在农业研究、刑事司法、护理专业、社会工作、艺术与表演等专业增设了新的专业课程。在秀茨的大力推动下，教育学院与商学院的一些课程得到了美国高等教育的最高认证。而学科建设之所以能够快速、有效地得到推动，跟秀茨为学校建立的各种伙伴关系紧密相关。

令秀茨引以为豪的伙伴关系是医疗联盟的建立。2000年，秀茨无意间从当地医院的行政管理人员那里得到护理人员短缺的信息，于是，秀茨把加州北圣华金河谷6个县的护理领域的高管们召集到校园，然后不失时机地展开了游说。秀茨向他们说："我知道，你们面临的主要问题是护理人员短缺，而我们有这方面的专长来帮助你们解决问题，但我们缺少资金。"不久，有4家医院、一位专业护理人士、一家医疗设备公司先后向学校捐资用于购买设备和提供奖学金。2005年秀茨即将卸任时，该专业的第一届学生26人如期毕业。

农学专业成立于2003年，也是源于伙伴关系。阿勒姆学校的基金会主席说：“她的说服能力令人称奇。”他描述了秀茨如何让该校各学院的院长加入农学顾问委员会，进而赢得他们的支持的过程。

也正是通过伙伴关系的建立，仅2003—2004学年秀茨就为学校带来了1540万美元的拨款，超过1999—2000年660万美元的纪录，受惠的领域从濒危物种研究到基础学科数学的建设等。

促进校园的种族多元化

初到CSUS，秀茨就发现，这里的学生构成非常单一，基本上都是白人。秀茨认识到建设一个多元化大学的重要性，于是她十分关心全体学生的组成。

有一个西班牙服务机构向秀茨承诺，只要CSUS能容纳25%的西班牙裔学生，这个机构就会给学校提供特殊的信用认可和资金，而CSUS做到了这一点。秀茨使CSUS成为西班牙裔学生最喜爱的学校之一。如今，这里还有许多墨西哥裔美国人、亚裔美国人等。CSUS里的师生可以说是来自世界各个角落。

秀茨不仅推动了全校种族的多元化，同时也从未忘记自己的种族渊源。她每年都会举办一次“心灵晚宴”，并亲自掏腰包专门宴请80多位非裔美国人。她还在马丁·路德·金纪念日这天创设了 “募捐日”活动，所得款项用于奖学金，仅2004年就募集6000美金。

与此同时，秀茨还一直致力于帮助少数族群的学生和那些有困难的学生。

2001年秀茨还把一年一度的贝卡斯奖学金（Noche de Becas）

带到了校园，惠及申报该校的拉丁裔高中生。该奖学金旨在帮助低收入家庭的高中二年级的学生。很多来自低收入家庭的学生希望成为小学教师，而参加该培训项目的大部分人都将成为小学教师，他们必须参加两年的教育研究生课程。通识教育被引进到小学的教育，他们实际上花了比一般的大学生更多的时间学数学和科学。这是一个很好的项目 。具体运作该项目的人是当初把秀茨引入大学的芬利女士的先生，他先是在加州州立大学英语系任教，然后到非洲工作了3年，回来后，决定帮助贫苦学生。

“罗杰斯奖学金”计划也是秀茨一手建立的。该奖学金的出资者是约翰，他的家庭非常富裕，喜欢帮助有困难的人。于是，秀茨建议为约翰设立“罗杰斯奖学金”，来帮助在学校有困难的学生。10年以来至少有60名学生受益，学生为获得“罗杰斯奖学金”而骄傲。

开创国际课程

秀茨任职期间，在全球十多个国家和地区的学校为CSUS建立了国际伙伴关系，如中国、埃塞俄比亚、墨西哥、葡萄牙等。最让秀茨有成就感的是全球性的国际课程的建立，尤其是与法国巴黎塞尔齐–蓬多瓦兹大学（Universite de Cergy–Pontoise）签订的协议，双方联合培养国际金融硕士的课程。

对于秀茨而言，不仅要选择合适的项目，想要推进项目，还要选择合适的人并提供支持，进而把事情做得越来越好。

威廉·克里斯特博士（Willian Crist）是CSUS经济系的资深教

授，任职已40余年。克里斯特博士曾在加州职工协会工作9年，是整个加州州立大学系统教授的领袖人物，后到加州公立大学退休系统担任主席11年。正因为如此，他不仅对加州10多所大学都有所了解，还为许多校长效劳过，秀茨就是其中的一位。

在克里斯特眼里，多数大学校长都具有不凡的品质，包括创新意识、冒险精神和建设性思想等，但像秀茨这样拥有卓越领导力的校长确实不多见。虽然初识秀茨时，自己名片上仅仅是一位教授而已，但克里斯特隐约地感觉，与秀茨一起工作，自己的工作将是开创性的。

克里斯特是一位有着国际视野的学者，曾在世界各地做过很多项目，包括在中国，但多数是在法国。像加州一样，巴黎周围有很多大学，都是些公立的州立大学，克里斯特博士曾在塞尔齐-蓬多瓦兹大学教过书，接触了一些人和项目，逐渐萌生了一个想法，何不就自己所教授的金融课程创建一个国际合作项目？

克里斯特找到秀茨，谈了想法，寻求对该项目的支持。这在当时近乎是一个疯狂的想法，因为涉及两个国家、两种语言，在法国和加州共同开设金融课程。其实，克里斯特自己也明白，这个设想是不错的，但运作起来确实太有挑战性了。但出人意料的是，秀茨对这个国际合作项目表现了极大的兴趣。

秀茨不仅具有前瞻的眼光，而且善于把握机遇，更敢于冒险。在此之前，克里斯特曾给另外一位大学校长提过这个想法，他也认同克里斯特的想法，但远不如秀茨那么支持，更不会像秀茨那样采取行动。

当然，秀茨也不是一时头脑发热，当她准备展开一项工作时，已率先听取了学校咨询委员会的意见，仔细分析了此举的利弊。一旦确定这是一件值得做的事情，秀茨就显现出非常坚定的意志，那么她就不会轻易放弃了。就项目而言，她不会消极等待，任其发生、发展，她一定尽其所能促其发展。

随后，秀茨随克里斯特亲赴法国，约见了巴黎塞尔齐-蓬多瓦兹大学的管理层及当地一些著名的企业家。法国方面安排了一些教职员工参与筹建这个项目。回到美国加州，秀茨在CSUS专门设立了负责全球事务的办公室，这在加州州立大学系统很不寻常，因为在加州开展这样的国际合作项目还是有很多麻烦的。

首先，顺应全球化，实现国际化教学，这在当时是一件相当有挑战性的事情，因为当时加州的大学还没有开展国际教育的先例。其次，无论在任何时候，任何大学开启任何一个项目，都会遇到困难，都需要运营的资金，募集资金是一件很困难的事情，更何况要寻找资金来支持一个国际项目，对于一个在美国大学系统的行政管理者而言，如果稍有经验，都不会轻易投入这样的项目，谁会冒着风险去做一些不属于教育计划之内的事情呢？ 再次，因为要做实质的教学工作，征集参与该项目的教职员工，确实是件不容易的事情。对于学生们来说，这门课程的旅费是很昂贵的，自己负担也是很正常的，但对于教职员工来说，教授这些课程则是大学额外的工作，无论是在加州还是在法国都是如此。

可以说，秀茨的选择在当时确实不寻常。而秀茨之所以执意坚持，恰恰源于秀茨相信国际教育的理念，在她心目中，CSUS的学生需要在国际环境锤炼的机会，那么运作这个项目就是她的责任及义务。

秀茨全力支持，她不仅亲自到商学院做鼓励动员工作，还动员当时的加州州立大学系统的校长查尔斯·雷德对国际课程的支持。在秀茨的努力下，查尔斯·雷德不仅亲自到CSUS来视察、鼓励国际课程，还亲随秀茨一起去欧洲考察。由此，CSUS各系有名望的教师纷纷自愿参与该项目。

当然，秀茨还花费许多私人时间参与社交活动，她多次在家里接待来自法国的校长、同事，也花费了大量的私人时间与法国方面的大学校长沟通。无论何时，法国的同事聚会，或者是到加州来，秀茨都亲自花时间和他们在一起。

在秀茨的领导下，克里斯特从2001开始着手这个项目，用了几年的功夫，做了大量艰苦的工作。2004—2005年，项目准备就绪，开始运行。该国际合作项目不是一个简单的交流项目，而是一个真正意义上的国际课程。一半的学生来自法国，一半的学生来自美国，他们先在CSUS上一学期的课，再到法国巴黎上一学期的课。

运作这个项目时，对秀茨的领导力形成挑战的事情之一，就是争取授权认证，让就读的学生得到权威认证。为了这项认证，秀茨要同时跟两国的相关政府机构打交道，回想起来，克里斯特最想说的就是："真不知道我们是怎么挺过来的。"最终，该国际课程在美国和法国都得到了认证证书。也就是说，如果学生完成必要的课程和学分，他们就能得到正式的文凭，而且是由加州州立大学和法国方面的大学同时颁发的证书。

现在，依旧活跃在加州州立大学的克里斯特大部分时间是在伦敦。克里斯特随秀茨亲历了国际课程的建立，整个课程运作得非常成功，但若"没有秀茨的支持，这一切都不可能发生"。在他眼里，秀茨做了一件对于吸引国际学生发挥了很大作用的事情，那就是，在印发的宣传手册上有两个标志，一个是加州大学斯托克顿校区的标志，一个是巴黎学校的标志。因为秀茨的敬业，她把校园整饬得极其优美，国际课程宣传手册上校园的美景，也是吸引学生的一个重要原因。

在克里斯特眼里，秀茨是一位非常有魅力的女性，她聪明友善，在整个项目运作过程中，秀茨表现出了非常强烈的合作意识，这种合作不只体现在她自始至终的支持，更体现在她敢于承担风险的领导意识。

的确，秀茨是一个具有冒险家气质的领导，更是一个具有创新意识、富有想象力的领导。让两个不同国家的学生聚在一起，他们具有不同的民主理念，操着不同的语言，在他们中间共同开设一门课，一门真正的学术课程。学习国际金融，本身不是一件很容易的事情，更何况所有跟课程相关的资料都是双语的，即法语和英语，但学生们很积极地投入学习，学生们在法国度过了非常愉快而有意义的时光，还可以在法国相应的领域找到工作。

并不是每个项目都会得到秀茨的支持，开启这门国际课程，秀茨冒着自己声誉受损的风险，而秀茨之所以对这个项目情有独钟，克里斯特知道一方面是自己的项目令秀茨信服，但关键是秀茨选择项目的动机，即有益于学校，有益于学生。

埃塞俄比亚的护理计划

秀茨的职业生涯无疑是非常活跃的，但事实上，她的每一个举措背后都有强大的爱心为动力，她的爱心不仅体现在对每个学生的关心上，还体现在具有国际视野的社会服务上。

秀茨担任校长期间，启动了一个护理学学士的项目，现在已经是4年制的专业了，这个专业的毕业生在斯坦尼斯洛斯取得了引人注目的成绩。

为了使护理专业更有效地服务社会，在得知埃塞俄比亚的医疗体系的现代化水平急需提高时，秀茨组织一行人到埃塞俄比亚，在那里制订了一个护理计划。芬利曾被该医疗基金会聘请，到埃塞俄比亚帮助提升那里医院的医疗水平。这一次，芬利见到了许多医术精湛的医生和管理工作者。医疗基金会的资金用来在周边建设了一个个诊所，这样当地人就不用开车到很远的地方看病了。

秀茨为了该项目亲赴埃塞俄比亚三次，把美国加州的医疗资源带到埃塞俄比亚，让CSUS的护理专业的师生们参与到这个项目中。她建立这种合作关系，保持着开放的心态，随时从社区倾听各项事务的进展情况，即使是很少的一点信息，她也能把这信息进行整合，然后她就知道该同谁去交涉。成立医疗护理项目不仅再次证明秀茨真心关心每一个人，而且懂得抓住机遇并展现她的领导和协商才能，从而获得支持。

秀茨还参加了在美的南亚社团等亚洲组织的许多活动，为南亚社团启动了一个项目，名字叫做“桥梁”，给予他们各方面的支持，让他们更多地了解美国文化，了解彼此之间的文化差异。

CSUS全球事务办公室主任琳达·布尼-萨尔哈德（Linda Bunney-Sarhad）亲眼目睹了秀茨在国际范围内拓展国际伙伴关系的进程，她对秀茨的视野、胸怀以及挖掘员工潜力的能力更有切身的感受，秀茨总是能推动大家“去做一些远远超出自己能力想象范围的事情”，“她促使我们在审视CSUS时，不局限于一城、一时，而是把它放在全国的乃至国际的舞台上”。

秀茨还以充沛的热忱和国际化的视野营造全球性教育交流机会，她主持建立的高校国际伙伴关系遍布世界各地，如中东、非洲、韩国、葡萄牙、中国台湾……比如，1995年与巴勒斯坦地区的阿拉伯美国大学（the Arab American University），1997年与埃塞俄比亚的埃塞俄比亚非洲美国大学（the Ethiopian-African American University），1999年与葡萄牙的埃武拉大学（Evora University），2001年与亚速尔大学（the Universvty of the Azores），2002年与台湾淡江大学，2005年与中国传媒大学、墨西哥蒙特雷大学等，建立国际伙伴关系。在这些伙伴关系中，秀茨担当领导者的角色，引导大家在伙伴关系中取长补短、共同发展。

应对CSUS的管理考验，面对校园危机

在管理上，秀茨具有非常优秀的才能。秀茨持续贯彻实施了学校长远的战略规划，为了实现自己的目标，培养了一支稳固的领导团队，并启动了全校的问责与评价机制。

她具有远见卓识，让她的领导团队看到学校发展的愿景，同时，她会把各项具体工作交给她的助理副校长彼得和学校各委员会。她希望每天得到工作进展的报告，她确实做到了这一点。在她的愿景之下，每一个人都被激励着，设法做得更好。秀茨深信，领导团队在整个大学的成功中扮演了非常重要的角色。

考验一位领导者胜任与否，一个重要的方面是你明明知道某种紧张关系的存在，但依然能够与员工为了共同的目标而奋斗。在这一点上秀茨做得非常出色。

一般来说，在美国，教师和行政人员是天然的劲敌，在秀茨做校长期间，她遇到过很多挑战，最大的挑战是教师反对她的管理。但秀茨似乎是六位校长中最少遇到这种情况的。秀茨与员工共事是一种建设性的方式，她与员工的合作就好像医院里的医生们合作一样。她总是抱着一种对话的态度，她的心是对整个社区开放的，她总能找到资金，获得许多支持。对于校园的不同利益群体，秀茨做了切实的努力，从而避免了因有限的资源而导致的群体利益隔绝与纷争。

当然，大学面对的最大挑战是入学，但秀茨令学校拥有更多的空间容纳更多的学生，她建造了更多的校内宿舍和越来越多的建筑。在秀茨的带动下，挑战似乎越来越多，但来得快，解决得也快。这让每个人都很喜欢她。而她非常受学生欢迎的重要原因，则是因为她非常善良和公平。

秀茨是优雅的、温柔的，同时又是非常坚定的。她身边的每一个人都为学校取得的进步而自豪，并相信是秀茨的个人能力和自信使这一切得以发生。

秀茨的眼光为CSUS这所学校带来了变化，而且是根本改变了这所学校，整个学校的面貌完全变了，不论是校园风景、学科建设还是学生的求学态度。她通过公关使得学校变得如此令人向往，把更多的学生招了进来。因为经济条件改善了，学校的发展机会也增多了。

身为大学校长，除了应对大学的常规性事务，有时还不得不面对一些突发性的危机事件，如何处理突发性危机事件是考验大学校长管理水平的特殊途径。

一天傍晚，正值学生们的晚自习时间，一名持枪歹徒闯入校园，射伤身边的一个人后，迅速窜进一栋教学楼，然后毫无目的地四处乱射。此时，秀茨正在和学校董事会成员开会，当秀茨得到这一消息后，立即要求保安部门关闭校园，疏散人员。由于事先有应对突发事件的应急方案，所以从疏散师生、掩护教学楼内的人员、提供到停车场的通勤车到对全部建筑实施彻底清查，整个过程有序迅速，不到一个小时就全部就绪。

随后，校方召开新闻发布会，作为校长，秀茨提供了有关事态进展的最新信息。动用了广播、电视和纸媒等手段向公众传播相关信息。第二天早晨，还在校园提供简易早餐，安排心理专家全天候诊。这天上午，秀茨又召开了一次新闻发布会，抨击了歹徒随意闯入校园扰乱正常教学秩序的恶劣行径。在会上，教职员工纷纷表达了自己的感受。

之后，警察根据目击证人的描述勾勒了歹徒的肖像，第三天，在市区的街道上，歹徒被市民指认。这期间，校园24小时戒备，随着歹徒伏法，校园重新开课。到了周末，秀茨召开了最后一次有关该事件的新闻发布会。[①]一次意想不到的校园危机有条不紊地平息了。

秀茨在任期最后一年也遇到两起事关学校荣誉的危机事件。

---

① Stephen Joel Trachtenberg and Gerald B. Kauvar, “Letters to the next President”, korn/Ferry International, p.191–192.

一是，曾向学校捐资100万美元获得了勇士体育馆（Warrior Arena）冠名权的金融公司DreamLife于2004年12月份破产，缘由是涉嫌在一宗房地产交易中诈骗179万美元。对此，秀茨快速作出回应，将“DreamLife Arena”的标志从体育馆撤下来。其二，一名叫斯蒂芬的教授在参与当地的一起谋杀案的调查中，涉嫌造假，被当地的调查委员起诉，参与调查的58名学生中有26人被卷入其中。

秀茨对两起事件都及时做出了必要解释，对于学术造假的行为，她已经将斯蒂芬清除出课堂。令她蒙羞的是“冠名事件”，虽然此事是由副校长比尔·占德具体运作的，但毕竟是自己所信任的人带来的失误。

在秀茨卸任的前一年，也就是2004年，政府对学校2004—2005年的财政预算削减了近10%，虽然后来又得到补偿，但此举还是给学校带来了不小的震荡。因为政府削减财政预算，首当其冲会使教职员工的职位受到威胁，最终，在秀茨的努力下，随着补偿的兑现，学校的全部终生职位无一被裁减。在秀茨看来，必须设法为教职员工的工作提供保证。

每学期秀茨都面向教职员工、学生、社区成员举办论坛，向大家公布财政预算，并收集意见和建议。在面临财政危机时更是如此，虽然人们对秀茨的开放态度表示赞许，但依然觉得秀茨无法理解普通员工的困境。秀茨2004年夏季宣布退休，到2005年期间担任代理校长，常规情况下，秀茨的年薪是20.4万美元，代理校长期间为13.4万美元，同时，每年有2.3万的住房补贴，每月有750美元的车费补助。

事实上，秀茨也坦言自己是一位“每天工作15—20个小时的校长”，她每天在校内、校外参加各种会议，处理各种事务，经常在晚上9点以后才能回到位于莫德斯托的家。

虽然对于多数人而言，大家都相信秀茨已为学校竭尽所能，但仍然有持异议者。比如对于校园的环境，虽然美丽的湖水让人心旷神怡，但有人对此持有异议，认为这些湖泊正反映出秀茨的资金运用不当，“就我个人而言，校园的多少个湖泊似乎跟我无甚关系，我更在意有更好的教室来教书”。

秀茨解释说，校园的湖水并没有花费多少资金，这个“创意景观”在校园里实际起到了抑制洪涝的作用。校园最初的蓝图是40年前的，因为当时校园里原本就有七八个储水的洼地，在校园建设过程中，施工人员就地挖湖，将土石用于新建筑的填土，从而省却了从校外拉土，可以说，多数湖面是在校园建设过程中逐步成型的。

当然，对于秀茨的评价，更有刺耳的声音，“很显然，她很乐衷于树立自己尊贵的形象”，也有的员工抱怨教学任务过重，无暇科研，而且薪酬又少。对于种种负面评价，秀茨往往一笑置之，因为任何校园都免不了有对学校管理持抵触情绪者。

忆往昔，时光流连

在秀茨到来之前，CSUS是一所基本上不被外人所知的走读学校，在秀茨的领导下，CSUS已收获了更多的名望，在册学生人数成倍增长，2004年达到8000人。秀茨先后为学校募集了3.5亿美元的善款，学校的养老基金从1994年的65万美元增至700多万美元。

目前该校有133个学士点，35个硕士点，2个博士点。其中有加州州立大学唯一能授予认知研究学位的学士点。2005年，《美国新闻与世界报道》杂志新出炉的美国西海岸硕士教育排名中，CSUS为十佳公立大学之一。《普林斯顿评论》评出的最佳本科院校里，加州州立大学23个分校中只有两所，其中就有CSUS。

如今，“火鸡大学”的绰号再也无人提及。的确，在当地人眼里，特洛克已经由原来拥有一所大学的小镇成为了一座大学城。

所有的成就都得益于秀茨的战略眼光和卓越的管理能力。与此同时，秀茨也赢得了人们的认可和喜爱。举荐秀茨入职的芬利的丈夫是一位英语系的教授，他说：“我从20世纪70年代来到这里，已经历了6位校长。我想我不得不说，她是两个最好的校长之一。她真的是一个有远见的人。她期待学校能走得更远，她总是说希望把CSUS变成斯坦福，而斯坦福可是美国最好的5所大学之一。她当校长的几年，每年CSUS在加州州立大学的排名都在上升。

心理学系的行政管理人员彼得森说：“我非常非常喜欢她，她给学校带来了许多名望，为学校做了非常多实质性的工作。”工会主席博雷利也承认，秀茨非常善于与员工们沟通。

加州州立大学对校长的评价机制是1984年建立起来的，评审方式是在征集校园内外对秀茨的评价意见的基础上综合加州州立大学董事会的讨论意见，并由加州州立大学校长办公室公布。该评价机制曾在1994—2001年对秀茨进行评价，在2004年春季学期，再次公布了对秀茨三年以来的评审结果。

加州州立大学校长查尔斯·B.雷德的最终评价是：“秀茨一直着眼于学校的未来，着手于学生之所需。她保持着乐观向上的天性，热情洋溢地为CSUS倾心付出。在其任职的10年里，有3位副校长另谋高就，但在秀莰的领导下，更新的管理团队则更富有效率”，“总之，秀莰校长是CSUS的杰出领导，她致力于推动CSUS的发展，带动了整个地区的高等教育的发展。”

的确，秀莰的努力和付出，使她的贡献已不仅仅局限于一校或一城，她对高等教育的影响力是全国性的，甚至是超越国界的。秀莰是美国西部大学联盟委员（Western Association of Schools and Colleges，简称WASC）；1999年至2001年，任美国大学联盟（Chair of the Women Presidents of the American Association of State Colleges and Universities，简称AASCU）女校长主席；自2000年，任AASCU非洲—美洲校长联席主席。1999年秀莰被推举在波多黎各召开的AASCU年度会议上发表演讲。

无论人们如何评价，秀莰认为，只要人们认可她在这段职业生涯中是勤奋的，她就满足了。

在接受记者采访时，秀莰说：“我希望我已经改变了CSUS的形象，我希望CSUS的每一位成员能为在一所高质量的大学学习和工作而感到自豪。”

2005年，秀莰准备卸任。这个夏天，她将前往路易斯安那州的迪拉德大学，成为该校第一位女校长。斯托克顿校区的院长辛西娅·摩根将秀莰的肖像悬挂在校长办公会议室的墙上，并排的还有历届校长的肖像，这对于辛西娅·摩根有着特别的意义。1994年当秀莰竞争校长职位时，辛西娅·摩根正服务于校长竞选委员会，当时，她就确信，秀莰博士完全有资格成为该校的第一任女校长。“秀莰校长任期到了，但她的成就却留下了一个令人难忘的传奇，未来将会有无数人受益于此，她的照片悬挂在这里，将会为后来人所铭记。”

而秀茨的卸任，更让她在加州的朋友们依依不舍。

阿勒姆农场的农场主比尔·阿勒姆对秀茨更是褒奖有加：“她是我所遇见的最出色的校长，她的到来，简直是上苍赐给CSU的礼物！” 比尔·阿勒姆也是希尔马奶制品公司的创始人，在他的支持下，秀茨为学校创立了第一个农学专业。

芬利夫妇回忆起和秀茨夫妇一起共度的美好时光。她们都住在莫德斯托，而且又都住在当地的同一个高档社区。她们一起休闲、旅游，曾一起驱车出游过很多次。芬利的丈夫更是念念不忘，自己退休后，身体难免偶有不适，有一次没有告诉秀茨，秀茨发现后怪罪说：“怎么没有告诉我？”因为相处长了，芬利夫妇知道秀茨是一个会为生病的朋友带来鸡汤的人。一旦发现自己的朋友受到伤害，她就会义不容辞地去陪伴。

令芬利夫妇感慨的是，秀茨和丈夫大卫两人都是富有同情心的人。他们的邻居有一位独居的老妇人，只要在家，秀茨夫妇每周都会去探望她，秀茨还会给她带去亲自做的晚餐。可以说，通过更深入的接触，芬利更加欣赏秀茨，由此也证明芬利的眼光没有错。

戴安娜夫人作为学校的捐资人，为自己有缘能跟秀茨这样一位不平凡的成功女性相识，并成为密友而感到荣幸。戴安娜夫人和丈夫都很喜欢秀茨的丈夫大卫，秀茨总是喜欢制造些乐趣。秀茨和大卫都喜欢中国菜，他们每年都会在家举办募捐宴会。到场的每个人都必须亲自下厨做一道菜，有人就做中国炒菜。其实并不在于做什么，关键在于大家在一起充满了乐趣，他们在一起欢笑，并不谈及募集资金，但却又与彼此良好的愿望不无关系。

其实，对于戴安娜夫人而言，除了对往昔快乐时光的流连，涌上心头的更多的是无限的温馨。戴安娜夫人感到庆幸的是，秀茨离开时，并没有卖这里的房子，“或许她退休后还要回到这里，这真让人高兴”。

也许，很少有人知道秀茨是一个超级橄榄球迷。在加州时，乃至在迪拉德大学，她会穿越整个国家去看球赛。秀茨身边的朋友，不仅仰慕她高雅的风采，更怀念她的幽默给大家带来的无比欢乐。

无悔的选择

冥冥中，就像有一个召唤，因为每一次参观迪拉德大学的校园，我会情不自禁地向往来到这里。

——玛维琳娜·秀茨

秀茨在CSUS任职11年（1994—2005），为CSUS创造了绝佳的环境，但是，她还是决定接受一项全新的且令人激动的挑战，赴任美国南部黑人大学——迪拉德大学（Dillard University）。

用她自己的话来说："冥冥中，就像有一个召唤，因为每一次参观迪拉德大学的校园，我会情不自禁地向往来到这里"。而此时，秀茨已年届七十，对于很多人而言，七十岁意味着一个人暮年的迫近，即使未必是儿孙绕膝，尽享天伦之乐，至少应该是远离工作，远离责任，远离承诺，静静迎朝霞看落日，问时光安好，回味过往……

全新的选择，意味着全新的责任、全新的挑战，但秀茨怎么也没有预料到，她即将迎接的挑战是她人生中绝无仅有的，也是美国历史上史无前例的。

走近迪拉德大学

2005年7月1日，经美国迪拉德大学校董事会广泛调研，从众多候选人中遴选出秀茨女士担任第九任校长，也是该校第一任女校长。

迪拉德大学校董事会主席查尔斯·A. 弗格森如是评价："秀茨博士会胜任此职的，她在高等教育方面有着丰富的经验，董事会认为她是能将迪拉德大学学术水平带到一个全新高度的最佳人选。"①

迪拉德大学位于美国南部路易斯安那州，如今是一所四年制文理学院，②被《美国新闻和世界报道》等媒体誉为"南部顶级的综合性文理院校"。迪拉德大学是一所具有基督教背景的私立黑人大学，其历史可以追溯到1869年。

1869年4月12日，美国公理教会教堂的传教协会（the American Missinary Association of the Congregational Church ）成立了斯特雷特大学（Straight University），同年7月8日卫理公会教教堂的弗里德曼援助社团（the Freedman's Aid Society of the Methodist Episcopal Church） 建立了联

① Dillard University Unanimously Elects Dr. Marvalene Hughes As First Woman President, http://www.black-collegian.com/news/archives/mhughes305.shtml.

② 四年制文理学院（Liberal Arts Colleges）：按照学制来分，美国大学可以分为四年制大学与两年制社区学院。四年制大学又分成综合大学和文理学院。文理学院的学生人数一般比较少，大约在1500至3000人左右，重点在本科教育。基本课程包括人文科学（文学、哲学、音乐与艺术等）、社会科学（历史学、地理学、经济学、政治学、社会学等）和自然科学（数学、物理、化学、生物等）。大部分文理学院只颁发学士学位，只有少部分文理学院颁发硕士和博士学位。

盟师范学院（Union Normal School）。后来，这两所学校分别更名为斯特雷特学院（Straight Collge）和新奥尔良大学（New Orleans University）。

起初，这两所学校提供的是小学教育，后来扩展至中学、大学及职业教育。比如1889年，新奥尔良大学成立了医学院，包括医药学校和护士学校，后来还成立了附属医院。1930年4月6日，新奥尔良大学和斯特雷特学院合并为迪拉德大学，在招收学生和选择员工上，遵循母校的一贯准则，即不存在种族、宗教和性别的偏见。1935年9月迪拉德大学移入新址开始了新的篇章。迪拉德大学的命名是为了纪念詹姆斯·哈迪·迪拉德（James Hardy Dillard），他曾为美国南部的黑人教育作出过杰出贡献，在美国教育史上书写了重要一笔。[①]

美国高等院校半数以上是私立的，因为这些大学最初主要是由教会和其他宗教团体创立的，虽然今天这些学校依然同教会有着千丝万缕的联系，但却不再以宗教教育为主了。迪拉德大学校园至今还矗立着具有标志性的教堂建筑。

秀茨原来任职的学校地处加州，那里经济发达，好莱坞、硅谷等蜚声世界。2005年国民生产总值为16，221亿美元（排各州第一，占全国国民生产总值13%，人均4.487万美元）。而迪拉德大学所在的路易斯安那州是全国人均收入较低的州，2005年国民生产总值

① "Dillard University: A Brief History", *2007–2008 Dillard University All-Sports Media Guide.*

为1，682亿美元，人均3.73万美元。[①] 所以，秀茨放弃优厚的条件，选择来到这里，也有人对此表示遗憾。

但迪拉德大学对秀茨而言却极其重要，也极具吸引力，其原因诚如秀茨接任该校校长时所言，“我之所以对这一职务情有独钟，是因为我早期在一所黑人大学所接受的熏陶。许多年来，我为自己身为黑人感到骄傲，我也为自身充溢的优秀血统感到无比的骄傲”，“对于我而言，通过加入迪拉德大学，积极地改变迪拉德大学，帮助学生们实现梦想，是目前我所知的最佳回馈途径和机会。作为一所黑人大学，迪拉德大学是国家的财富。”

对于总是在不断超越自我的秀茨，接纳这个职位是一个理想的选择，因为迪拉德大学不仅具有美国南部黑人大学悠久的历史传统，还具有一定的国际化招生规模，是一所多元化的学校。

作为一名杰出的黑人女校长，历经多所高校历练，在职业生涯谢幕之前能回归黑人大学，对秀茨来说，意味着一个更长远的梦想的实现。

只是让秀茨没有想到的是，这个梦想的开端是如此地让人始料不及，这个梦想的实现是如此地让人不堪回首……

卡特里娜飓风来袭

2005年7月，秀茨来到新奥尔良市，接任迪拉德大学校长一职。

---

① 《美国地图册》，中国地图出版社2008年版，第170、112页。

但仅仅过去6个星期，2005年8月29号，卡特里娜飓风袭击了美国南部，[①]包括迪拉德大学所在的新奥尔良市。

此次飓风是美国历史上最严重的一次自然灾害，秀茨将面临她一生中最为严峻的挑战……

2005年8月23日，美国国家飓风中心发布第12号热带低压已在巴哈马东南方海域上形成。次日这一热带低压升级为热带风暴“卡特里娜”。2005年8月25日，国家气象局热带预报中心发出预警称，国家飓风中心预测卡特里娜飓风在穿过佛罗里达进入墨西哥湾后将转向亚拉巴马州和佛罗里达州狭长地带。但受墨西哥湾暖水海体的影响而强度加强，并没有朝国家气象局原先预报的方向移动，而是继续向西移动。

8月29日破晓时分，飓风卡特里娜以每小时233公里的速度在美国墨西哥湾沿岸新奥尔良外海岸登陆。当日，新奥尔良市的会议中心容纳了近2万名难民。

空军预备指挥部第920号营救小组的蒂姆·塔奇克上校感到事态的严重性。他从早晨开始就给美国联邦紧急管理局（FEMA）打电话，要求3架营救直升机，一等飓风减弱后就前往灾区。但FEMA表示无权指挥军事小组执行任务，必须得到国防部的授权。

---

① 飓风和台风其实是一回事，都是指风速达到33米/秒以上的热带气旋，只是因为发生的地域不同，才有了不同的名称。出现在西北太平洋和我国南海的强烈热带气旋被称为台风；发生在大西洋、墨西哥湾、加勒比海和北太平洋东部，中心附近最大风力达12级或以上的热带气旋则称为飓风。在美国，每年大西洋飓风期是从6月1日到11月30日，飓风高发期一般发生在8月中旬到10月中旬。美国东南部是飓风袭击次数最多的地区，其中为佛罗里达州、得克萨斯州和路易斯安那州尤甚。

卡特里娜飓风路径示意图

直到翌日下午，塔奇克的队伍才获准展开营救行动。此时，飓风肆虐新奥尔良已经超过24小时。30日，路易斯安那州州长凯瑟琳·布兰科宣布新奥尔良市还有5万—10万人需要疏散，超级穹顶体育馆和新奥尔良会议中心的灾民越来越多。上午10时，新奥尔良市市长宣布在第17街的护堤工作失败了。

由于警力严重不足，救灾更多地依靠国民警卫队，但国民警卫队在48小时后才有40辆坦克进入新奥尔良市。8月31号，布什才结束休假，从得克萨斯州克劳福德赶回华盛顿。在赶回华盛顿的途中，布什并没有在路易斯安那州停留，只是“空军一号”飞机飞过墨西哥湾，以此作为他对灾区灾情的视察。而美国政府对新奥尔良市会议中心的救济直到9月2日才开始。

在救灾72小时的黄金时间内，新奥尔良市几乎孤立无援。洪水切断了人们逃生的去路，人们被迫爬上屋顶逃命，卡特里娜使整个新奥尔良市一片汪洋。新奥尔良市基本被卡特里娜飓风摧毁。卡特里娜飓风造成的死亡人数为1330人，其中绝大多数死者（占死亡总数约80%）为新奥尔良市中心地区居民。完全毁坏或造成不能居住的房屋达30万处，大约250万用户的电力供应中断。

常规来讲，美国一向重视危机应对。但在相对健全的危机应对法规下，为什么卡特里娜飓风来袭令美国异常被动呢？据英国《独立报》报道，早在4年多以前，美国联邦紧急事务管理局(FEMA)就曾警告新奥尔良可能面临"灾难性的"飓风袭击，但美国总统布什却对这一警告置之不理，一心只顾加大反恐预算。结果用于防范洪灾的预算被压缩了80%，加强防洪堤建设保护新奥尔良的工程37年里被首次搁置，为可能发生洪灾制订的撤离灾民的规划也被丢弃在一边。①

事实上，路易斯安那州联邦政府和新奥尔良市政府曾准备联合举行一次紧急演习。该演习以最大飓风袭击美国中南部密西西比河及圣路易斯安那州沿岸为目标。这次演习由FEMA主持，联邦政府的27个部、局以及州政府、地方自治团体等80多个机构参加。

① 四年前已预警"9·11"后新安全制度经不住飓风考验，http://www.china.com.cn/chinese/HIAW/960314.htm.

此次演习准备了14个月，耗资150多万美元。[①] 演习的背景正是新奥尔良遭受假想中的飓风袭击，当时的假想情景几乎与近来真正发生的灾难如出一辙。但有关官员表示，用于防范类似灾难的计划却因为预算被压缩而放弃。

也就是说，新奥尔良在应对飓风方面是事先有预案的，联邦机构也是事先有计划的，但问题在于这些计划相互抵触，并且缺乏灵活性，因而最终在面对飓风时“大政府变成了大官僚”。

卡特里娜飓风在路易斯安那州、密西西比州和亚拉巴马州毁坏了38处911报警中心和300多万电话用户线路。广播通讯也同样受到严重影响，约50%的本地电台和44%的电视台的正常工作被中断。卡特里娜飓风还造成至少10处油井溢油。卡特里娜飓风所造成的全部经济损失超过1000亿美元。[②]

直到2006年1月，奥尔良教区85%的公立学校还未开学，在市中心，大约三分之二的零售食品店还未开门营业，一半左右的公交线路还未恢复运营，主要医院仍处于关闭状态。

在新奥尔良市遭受卡特里娜飓风的袭击之后，新奥尔良市的黑人数量锐减，非裔美国人维利在接受采访时称：“如果我在别处能找到工作，我就不会回去了。” 据美国政府统计的数字显示，与维利处境相同的灾民总数在30万至40万人之间。[③]这部分灾民本来就没什么家当，飓风过后更是一无所有，其生活完全依赖于政府筹措

---

① 张成福、唐钧：《政府危机管理能力评估——知识框架与指标体系研究》，中国人民大学出版社2009年版，第65页。

② 《美国政府对卡特里娜飓风的调查报告——联邦政府对卡特里娜飓风的响应：经验与教训》，吕峰、王淑英译，《浙江水利水电》2006年3月。

③ http://www.zjol.com.cn/05world/system/2005/09/07/006296050.shtml.

的救济物资，对于他们来说，能找到更合适的地方安家便不会再回到危险的地方。

对受飓风影响的人而言，后果还表现在灾难给人们带来了难以预料的忧伤、焦虑和挫折感……

应对美国历史上最严重的校园危机

卡特里娜飓风光顾了新奥尔良，也毫不留情地扫过了迪拉德大学，卡特里娜飓风所带来的危害令人难以想象。在新奥尔良市所有的大学中，迪拉德大学受到了最严重的影响。迪拉德大学，这一座拥有139年历史的大学被彻底摧毁，由此也引发了美国历史上最严重的校园危机。

飓风过后几个星期，校园对外开放。当秀茨第一个踏入迪拉德大学的校园时，被眼前的景象惊呆了……昔日校园里蓝白相间的校舍没了，绿草茵茵的球场不见了，有的只是断壁残垣、折损的树木，洪水还未完全退去，到处是淤泥。此时，秀茨的脑子一片空白，几乎要窒息了。

那个初次谋面让自己内心充满向往的迪拉德哪里去了？那个冥冥中呼唤自己激情的迪拉德哪里去了？事实上，当秀茨与迪拉德结缘的那一刻起，一个梦想已从心底升起了，正如自己所承诺的那样，她要建设一所杰出的黑人大学。

这一刻，秀茨经历了一生中从来没有过的、也是难以想象的打击，泪水夺眶而出。更让秀茨心痛的是，从师生的眼神里，可以看到更浓重的绝望和无助。在许多人看来，迪拉德大学已然成为新奥尔

飓风后，新奥尔良市被遗弃的居所。摄于2010年5月

飓风后的迪拉德校园。摄于2006年

良的历史。突然秀茨的头脑清醒了。秀茨喃喃地说了一句话："已经失去校园有一段日子了，我该为她做点儿什么了。"声音虽然低沉，却透出一种令人难以置信的坚定。

是的，没有理由再抱怨什么。秀茨知道，新奥尔良有1000多人在这场灾难中丧生，而自己的学生全部幸存，自己要做的是，带领师生们放眼未来，而不是回望过去。

关于迪拉德大学的未来，无论是校内还是校外的各方意见，大都是移建到亚特兰大，因为刚好亚特兰大有一所大学，因校领导在财政管理中被发现有犯罪行为，没有通过院方认证。似乎，移师重建已是机缘巧合。

从来自华盛顿的政治势力，到黑人大学联合基金会（the United Negro College Fund）的总法律顾问，到亚特兰大的政治和社区领导力量，都觉得迪拉德大学应该到亚特兰大寻求支持，以谋得一席之地，就连迪拉德大学内部的领导层也支持到亚特兰大重建。

而秀茨心中的呼唤则是："挽救迪拉德大学，让学生们重回新奥尔良是我的责任。"秀茨回想起自己在大学时上过的有关黑人历史的课程，自己的祖先为了战胜种族压迫，奋勇加入废奴者的行列，并创建了迪拉德大学，在过去的近140年里，他们为自由、平等奋斗不息……

秀茨很清楚，大学是以源远流长的传统和延续性为基础的，这些传统是经历了几代人才逐渐形成的独特的理念和文化。迪拉德大学在逾百年的历史中，克服了社会、政治和环境的障碍，取得了卓越的成绩。卡特里娜飓风到来之前，《美国新闻与世界报道》刚刚将迪拉德大学排进南部文科大学前十名。迪拉德大学肩负着美国少数族裔太多的文化使命，即使遭受灭顶之灾，也不能轻言放弃！一想到这些，秀茨心中充满了应对飓风挑战的勇气和力量。

在决定迪拉德大学去向之前，秀茨还有一项重要的工作要做，那就是安抚受灾的师生。飓风来袭时,迪拉德大学的部分学生被暂时安置到全国的多个大学，比如亚拉巴马州的许多大学，亚特兰大的斯佩尔曼大学。于是，秀茨马不停蹄地去看望了安置在各地的师生。

当秀茨来到亚特兰大的斯佩尔曼大学时，远离家乡的学生们欢呼雀跃，争先恐后地向秀茨讲述他们在斯佩尔曼大学的学习和生活情况，秀茨也回答了学生们提出的关于迪拉德大学迁移的问题。

秀茨非常坦白地谈到了卡特里娜的破坏情况——三栋宿舍楼被火烧毁，原本美丽的校园里到处都是污泥、损坏的树木和破损的房屋。当秀茨说，希望孩子们先暂时安心地留在这里学习时，众人无语，一时间，无言的压抑感笼罩着在场的每一个人……

一阵短暂的沉寂后，一位三年级的学生走到秀茨跟前，道出了大家的心声："这里的一切都非常好，秀茨博士，但是让我们一直待在这里太难了，请告诉我们，我们是否能回去？"秀茨帮她拭去面颊的眼泪，把她拥在怀里，"当然，我们能回去！我们只是被暂时迁移。是的，迪拉德大学不仅继续存在，而且将比以往更加强大！"

秀茨非常能理解，对于高年级学生而言，三年间目睹了一届又一届的毕业生穿行在校园的橡树林，参加传统的大学毕业典礼。那种美好而绚丽的青春记忆让他们对这一特殊仪式充满了期待，但是因为卡特里娜飓风，这个美丽的期盼似乎永无实现的可能，这种创伤真是让人难以接受。

秀茨的感觉越来越清晰，是的，迪拉德大学不仅要回归，2006级的学位授予典礼也要在校园如期举行。

此时，秀茨内心的渴望难以抑制，一定要力排众议，把迪拉德大学带回在新奥尔良的家,但她心里也清楚，要想在这场斗争中赢得胜利，就要不顾迪拉德大学校园已不复存在的现实，首先要回到新奥尔良去，这无疑是一个巨大的挑战。

从2005年9月到12月，在市政厅的多次会议上，秀茨不止一次地向学生们承诺：“相信我，能在新奥尔良为大家找到栖身之处，迪拉德大学将会沿袭传统，2006年夏季，在校园里如期举行毕业典礼，到时候，你们可以‘列队穿过橡树林’，来庆祝这一传统盛典。”当秀茨承诺在6月份毕业季学生们将会“列队穿过橡树林”时，人群里爆发出雷鸣般的掌声和欢呼声。

作为一名大学领导人，除了敢作敢为，秀茨给予新奥尔良人的信念是极其重要的。她让新奥尔良人相信，迪拉德大学不仅能够重建辉煌，而且会带动新奥尔良市经济的复苏。

最终，秀茨如愿了，在希尔顿饭店确定了迪拉德大学的重建。

安置师生，启动教学

2005年8月，秀茨刚刚抵达迪拉德大学，还没认识多少人，飓风袭来，学生们被疏散安置。学生们返校时，已经是12月底，4个月过去了，因飓风耽误了一个学期的课程。

通过迪拉德大学的网站，师生们取得联系，学校组织大家重新登记，准备在一个星期之内开学。但此时，显而易见的问题是，教室、办公室、实验室、宿舍，如何解决？

所有问题都迫在眉睫，为了尽快扭转这一局面，秀茨校长向联邦政府、市政府求助，她不知疲倦地四处奔波着……

终于，2006年1月，秀茨为迪拉德大学争取到位于新奥尔良市中心希尔顿的河边酒店作为迪拉德大学临时的家，期限是从2006年1月3日至7月1日。秀茨把教师的办公室设在市长楼的12楼，停车场设在篮球场的地下室，教室则一部分设在新奥尔良的希尔顿酒店，另一部分设在新奥尔良世贸中心的21楼和22楼，师生全部住在希尔顿酒店。

无论如何，秀茨决定将教室搬到希尔顿酒店继续上课，这依然是一个巨大的挑战，因为当师生们搬进酒店的时候，酒店只有极少部分的业务在运转。但是，在极其艰难的条件下，在秀茨校长的感召下，大家都明确了为了共同的事业，必须齐心协力，校长、行政机构、部分师生共同度过了7个月难忘的时光。毕竟，学生们得以继续学业，而此时，新奥尔良市大多数学校尚无栖身之处。当迪拉德大学开课时，其他学校都还没有启动。确实，其他大学不能办到的事情，秀茨办到了。

接下来是生源问题。大多数院系都面临招生不足的现实，就在很多系都束手无策的情况下，数学系作出了表率。

此时，数学系只剩7名教师，戴宏博士和老院长被任命为系主任，他们重新把数学系的领导班子搭建起来。

招生的任务落到了戴宏的头上。戴宏是一位华裔美国人，在迪拉德大学担任终身教授已多年，对这所黑人大学充满了感情。他二话没说，写了一则招生广告："为什么我要到迪拉德大学去学数学？"这则广告让戴宏颇费了一番心思。

在这则广告中，戴宏博士言简意赅地阐明了观点。一是，我们迪拉德大学还在，数学系还在。二是，我们为什么学数学？从师资来说，数学系有7名来自不同国家的学者。这里有助学的课题，这些课题都是美国的重点课题，这些课题目前还有很多设备都等着你来操作、应用。写了差不多20条，每一条就一句话，阐明迪拉德大学学费又贵，又没有地方住，为什么还要去迪拉德大学学数学。

后来，这则颇有新意的招生广告被秀茨校长看到了，秀茨赶紧问这是谁写的，身边的人告诉她是戴博士写的。"谁是戴博士？"她叫来戴宏说："就连我这样不学数学的人，都想到这里来学数学！"这是戴宏博士第一次见到秀茨。

很快，召开全校动员大会。在会上，秀茨向大家展示了数学系的招生广告，她说："我希望每一个专业都有这样的广告，全校40个专业，每个专业都要写一则广告，比如为什么要到迪拉德大学学英语，为什么要到迪拉德大学学法律等。"会后，各系纷纷着手落实。

一系列这样颇有新意的广告把整个学校搞活了，学生们陆续返校。最终，学生人数虽然有所下降，但只降了700人，仍然还有1800人。可见，秀茨不仅善于倾听员工的意见，从员工中吸纳合理性建议，还具有快速有效的执行能力。

与此同时，图兰大学为迪拉德大学提供了1月份开课的设施，全国许多大学也纷纷向迪拉德大学伸出援手。令人感到鼓舞的是，社会各界人士，像前总统比尔·克林顿、著名演员比尔·科斯比等都表达问候，希望可以为迪拉德做些什么。秀茨也积极利用他们的声望筹集资金，并且吸引更多的关注和支持。

常春藤联盟中的布朗大学、普林斯顿大学与迪拉德大学结成伙伴关系，帮助迪拉德大学的重建，这项合作是布朗大学校长鲁斯·西蒙斯的提议，她是迪拉德大学的毕业生并且是全国著名的迪拉德女校友之一。波士顿大学校长雪莉·蒂尔曼也提供了巨大的帮助。因为这些帮助，秀茨和同事们饱受鼓舞，一直保持着高效的重建工作。

秀茨憧憬着美好的未来。她坚信，迪拉德大学的校园一定会恢复原状，而且一定会比从前更好。

灾后，秀茨表现出异乎寻常的勇敢、雷厉风行、言出必行。她非常及时地去召集大家，非常有效、非常有力地动用了外部资源，当然动用这些资源并不容易，或者说，不仅不容易，而且在旁人看来几乎是不可能办到的。至今，迪拉德的员工还会经常想，如果是自己遇到那样的情况会怎么办，可能已经不在学校里了。但是，秀茨决定和学校在一起，不仅要保住学校，而且她许诺将会把学校建设得更加美好。

最终，她实现了这一诺言。秀茨内心有无限的感激。年轻的学生在面对这场灾难时表现出的决心和行为触动了她的心灵，秀茨深知，迪拉德大学的未来取决于对她心怀期望的人们。

修复和重建正在启动中，不久之后，秀茨将要带领学生们回家，那里有他们赖以寄托的感情和精神之根。

创意性募集重建资金

飓风过后，迪拉德大学面临着重建。坦白地讲，许多人觉得飓风过后不可能再见到迪拉德大学，迪拉德大学已经消失了。但是，秀茨却明确地说："不，我们要重建迪拉德大学。迪拉德大学曾经在那里矗立了近150年，我不知道我们能做些什么，但绝不能让它在我们的视野中消失。"

新奥尔良绝大多数人心里会想，秀茨信誓旦旦，那是她太天真了。有人说，我们去哪里弄钱呀？的确，秀茨当时心里也清楚，这个想法确实挺疯狂，卡特里娜飓风使迪拉德大学损失4亿多美元，重建迪拉德大学需要一大笔钱。

当时，秀茨尚不知道到让学校重新复原去哪里能找到钱，但秀茨内心的声音是："没有人告诉我是否能战胜灾难，但我知道，我能！"虽然秀茨在美国高等教育领域身经百战，但这一次的挑战史无前例，促使秀茨不得不倾其所有来应对。

秀茨是一位有经验的筹款人，她知道当务之急要做什么，那就是动员一切可能的资源和潜在的资源来筹集资金。

路易斯安那州政府没钱，遭受重创的新奥尔良市政府也没钱，他们都没法帮助迪拉德。新奥尔良市85%的人口遭受了精神上和财产上的巨大打击，市民们也无力帮助迪拉德。经过再三考虑，秀茨决定申请联邦政府的贷款来恢复重建。

一经决定，就立即行动。秀茨去美国华盛顿的国会游说，还向一个游说组织求助，该组织提出了"传统黑人大学财政支持"议案。秀茨代表迪拉德大学向联邦政府提出请求："给我们零利息的贷款吧。"起初，他们感到很好笑，因为他们从未提供过这样的贷款，但是最后秀茨说服了他们。经过多次审议，联邦政府参照秀茨女士的意见，为商人们提供1.6亿美元的贷款重建迪拉德校园，这笔巨额贷款前三年为零利息，之后为1%的利息。

总之，经过秀茨的多方努力，从联邦政府得到1.6亿美元的资金来重建迪拉德大学。这1.6亿美元的资金是贷款，是必须偿还的，但是秀茨信心十足，她相信在人们的支持和帮助下，她能还清如此低利息的贷款。这笔贷款意义非凡，它使饱受卡特里娜飓风摧残的迪拉德大学看到了希望。

除了财政援助，联邦政府不能给予更多的"礼物"，但这对于迪拉德大学的重建来说，已经是意义非凡了。直到如今，秀茨每周五的早上都会与政府的议员和一些政治家们通电话，跟他们保持着很密切的联系。

除了联邦政府，秀茨下一个求助对象是美国教会。当教育机构陷入危机时，教会是十分愿意捐助的，这也是秀茨去教堂寻求帮助的原因。秀茨已经记不清到底去了多少家教会，跟多少人沟通过了，她几乎走遍了美国全境。

记得那是在亚特兰大的一个周末，秀茨去拜见联合基督教会（United Churches of Christ）。他们说可以提供大约50万美元的帮助，秀茨高兴地说："那非常好！"没想到，他们接下来的话让秀茨更为惊喜，他们说："联合基督教会将在肯塔基举行国际会议。"这意味着世界上最有钱的教会和委员会将汇集于肯塔基。于是，秀茨说："非常感谢你们提供的帮助，我十分感激，但我更想亲自去一趟。”会议召开时，秀茨会上讲述了迪拉德大学的艰难境况，讲述自己为筹款四处奔走的经历……两天后，秀茨带着200万美元回来。

当迪拉德大学遭到飓风的破坏时，昔日在加州州立大学帮助过秀茨的朋友和捐助人再次主动出面鼎力相助。

比尔·科斯比打算为此举办一场募捐演唱会。比尔对秀茨说：“我会做一些市场调查，然后告诉你应该在哪里举办。”经过市场调查后，比尔选择在田纳西州举办。他说：“你必须得向我保证能把票卖出去。”实际上，演唱会的门票很快就销售一空。那是一场非常精彩的演唱会，整个剧场都沸腾起来，大家欢呼雀跃。比尔把秀茨叫到台上，说：“我想让你告诉大家，我们卖出了多少张门票，一共筹集了多少钱！” 仅仅依靠比尔的帮助，秀茨就筹到了100多万美元。

在秀茨眼里，另一件极富创意的募集资金之举，莫过于争取迪拉德大学校长的寓所。

本来，迪拉德大学校园内提供了一幢普通的校长寓所，但对于一向注重居住条件的秀茨来说，这桩寓所不够理想，因为秀茨的社交圈基本上都是达官贵人，她经常要在家里举办各种派对，宴请社会各界名流。当然，秀茨所有的社交都是围绕着自己工作的目的，广泛的社交本身就是她工作的一部分。

当时秀茨看中了一套非常棒的房子，这套房子位于流经新奥尔良的密西西比河河畔，两层洋楼，视野开阔，格局规整，前有草坪，后有泳池，波光粼粼的密西西比河从屋后蜿蜒流过，这是一套非常体面的房子。

秀茨知道这是自己需要的寓所，但是至少得50万美元。虽然秀

美国前总统克林顿为秀茨颁奖

秀茨和著名演员比尔·科斯比

茨已经收到迪拉德大学董事会提供的一定的费用预算，但与房子的要价相去甚远。秀茨想，“出去想想办法，或许能募捐些”。

于是，秀茨亲自去看了这套房子，她一面楼上楼下仔细巡视各个房间，一面和正在房子里接待她的一位女士聊天。在谈话中，这位女士告诉秀茨一个重要信息：这所房子的主人因为中风已住到医院里，并且状况很糟，难以康复，很快要去世了。在秀茨准备离开时，这位女士对秀茨说：“你应该考虑考虑这所房子，这正是你需要的。”秀茨点头称是，但也肯定地告诉对方自己所能付出的价格，然后，就驱车离开了。

回到家里，秀茨想了又想，于是下定决心。因为第二天要去夏威夷，所以，晚上秀茨把助手叫到房间说：“关于购房，你能起草一个合同吗？你要告诉对方，我没有那么多钱，这就是我所能出的价钱，但是，假如他们能让我拥有这所房子，我会让他们享受免交遗产税的权利。”事实上，秀茨从来不知道房子的主人是谁，但房子的主人即将离世，这是一个不可多得的信息。

过了几天，当秀茨还在夏威夷时，助手打来电话说：“您还有30分钟的时间就将靠近那所房子了！”秀茨问她什么意思？助手说：“他们接受了，正准备签订协议。”

因为房主的家人意识到，如果不卖出房子的话，他们为继承这栋房产而不得不付出不菲的遗产税，但假如秀茨买了这套房子，他们就可直接将房产变现。最终，他们接受了这一份“近乎疯狂”的合同。

这对秀茨来说也是一种创意性募捐。当秀茨从迪拉德大学卸任时，这套房子作为迪拉德大学的财产又成为下一任校长的寓所，

秀茨在新奥尔良的居所。摄于2010年5月

但此时，由于美国房地产市场价格的上涨，这栋房子的价值已经成倍增长。

高校募集资金不仅需要诚实和坦率，还需要花大量的时间去找立法委员沟通，获得立法委员的支持。

求助联邦政府也会引发冲突，比如联邦应急管理署往往由于行动迟缓，其决策久拖未果；而保险公司又不按照合同办事，仅给迪拉德大学部分赔偿。秀茨想，适当的诉讼可以减少纠纷，于是毫不客气地跟保险公司打了两场官司，并为迪拉德大学赢得了诉讼赔偿。

但对于秀茨而言，募集资金其实是非常有创意的一件事，她特别擅长的是，知道如何建立这些关系，而且会把这些优势转化成为一种服务，来组建一所强大的大学。

秀茨是一个非常有自豪感的人，也是一位全国知名人士。她的这种性格能让她走上上流社会，接触联邦政府官员，甚或美国总统、大学或者是其他组织的高层，但是，无论自己身份多么显赫，秀茨总能放下自己的身段去借钱。

遇到困境时，但凡有些身份的人都会觉得向别人张口借钱很不舒服。但是对于秀茨而言，身为领导，不得不放下身段去借钱。去向人无数次地诉说："迪拉德大学没钱重建了，您能帮帮我们吗？"但是，领导也要有自己独到的眼光，观察周围的人，看看谁最有可能帮到自己。因为人和人不一样，有些人压根就不想借给你钱，有些人除非你开口找他借钱，要不，他是不会借给你的，但是如果你一直不开口，那么你就永远都得不到。

当一个人贡献自己所拥有的资源给别人带来幸福和快乐时会有成就感，那么，向人借钱时就需要找到办法来激发人们潜在的这种情感。秀茨的过人之处就在于，她总激发人们的这种情感。于是，只要秀茨出马，有经济实力的人往往都能慷慨解囊。

秀茨之所以能通过各种渠道获得资金，正是因为秀茨敢于冒险的勇气、非凡的自信和卓越的领导能力，以及她的知人善任。这也是卓越领导者的优良品质。

重建迪拉德大学校园的使命

飓风过后，整个新奥尔良面临着重建，美国联邦政府采取了一系列的措施进行灾害后的救助。对私人住房、堤防等基础设施进行了修缮，对个人的保险申请等进行了赔偿。[①]

迪拉德校园里除了教堂之外，所有建筑都遭到了重创。所有的建筑都得等洪水退去，然后清理洪水过后留下的废弃垃圾，接下来才能重建。

关于迪拉德大学的重建，曾有过大量的讨论。秀茨再次创造性地提出了，要做一些之前从未做过的事情，最终决定在迪拉德校园的旧址上重建，不再去其他的地方。正是因为她决定要在市里保存学校，许多教职员工都被深深地感动了，大家群策群力，积极配合秀茨开展各项工作。秀茨住在希尔顿酒店，一边主持日常的管理工作，一边筹划学校的恢复重建工作。

当然，秀茨也要跟师生进行大量的沟通。在秀茨看来，对学生、教师和职员来说，让他们以待在此地为荣，非常重要。一旦各种设施的质量开始恶化，人们不但会疏离自己的工作环境或学习环境，而且也会失去对保持校园面貌肩负的责任感。也就是说，只有彻底改观校园环境，师生们在校园生活的自豪感才能被重新树立起来，全校上下都接受了这样一种精神，即每个人都有责任保持这第一流的校园环境。

---

① 具体包括：1.耗资170亿美元为私人住房进行修缮。2.洪灾保险中心已经批准了98%的理赔申请。3.教育部发放20亿美元帮助灾区学生复学，受惠学生达15万之众。4.美国小生意管理署完成了99%的受灾评估，发放了102亿美元的救灾款给摊贩等，帮助小生意经营者们恢复生计，共有2万2000个小生意经营者受益。5.美国陆军工程部队耗资60亿美元，按照百年不遇的标准，修缮加固了350公里的海堤等等防洪排涝设施。6.1亿多立方米的灾害垃圾已经被清除干净，占清除物的80%。7.所有的港口、油井和输油管道及炼油厂恢复正常运转。8.美国联邦紧急救援署已经耗资56亿美元修缮了灾区的道路、学校、供水、供电、供气等公共系统。（邱学雷：《卡特里娜飓风的危机传播与应对》，中国传媒大学2011年硕士论文。）

2005年整个学校被淹以后，不仅遗存的所有房屋骨架要修正，还要增添一些新建筑。

重建之路绝非坦途，面对各种挑战和困难，包括秀茨在内的每位校领导都得寻求帮助，使这条路尽可能顺畅。秀茨首先寻求企业和游说组织的帮助，签订了一单重建校园的合同，并且是当时新奥尔良最大的一单合同，当然，迪拉德大学也为履行合同重建校园提供种种方便。

当务之急，秀茨还需要找到一个既会省钱又能保证质量的人来担任副校长，专门负责学校的重建工作。经过多方考察，秀茨锁定了一位土生土长的新奥尔良人——蔡斯（Chase），聘用他来担任副校长。

蔡斯曾服役于美国海军陆战队。他的家族在当地很显赫，经营着新奥尔良一家历史最悠久的餐馆，曾有三个国家的总统慕名到他家里做客，一位是前美国总统小布什，一位是墨西哥总统，另一位是加拿大总督。他的家族也是新奥尔良黄蜂队的赞助人之一。新奥尔良只有两位受过奥巴马总统奖励的人，蔡斯的母亲是其中之一，也是迪拉德大学的名誉博士。

蔡斯当时是路易斯安那州教育委员会的资深委员，也是新奥尔良市政府恢复建设委员会的主席。蔡斯还是CPA（注册会计师），也是个律师，有自己的律师事务所。

秀茨在关键时刻大胆启用蔡斯，是因为对蔡斯家庭背景、资历和专业背景有全面的了解。事实证明，秀茨考虑周全，知人善任。

描绘最前瞻的校园蓝图

建设资金、人员和设施基本到位后，制订重建规划的工作提上日程。

迪拉德大学是服务于迪拉德师生们的，那么首先就要倾听师生们的心声，让同学和老师们都参与到重建中来，根据师生们的需求和意愿来制订重建规划，所以有很长一段时间，常务副校长蔡斯领导的班子都在广泛征集这些信息。

比如，对全体学生进行调查，同学们希望在校园中看到什么颜色的建筑，什么款式的桌椅板凳和教具。对全体教工进行调查，教师喜欢什么样的办公楼，重建的大楼应当具有什么功能，图书馆如何设计，希望在建设中运用何种技术，等等。所有设计细节不仅参考专业人士的意见，而且广泛吸纳师生的意见。秀茨也一再过问常务副校长蔡斯是否确保吸收了每个人的意见。正因为在重建过程中尊重师生的需求，所以秀茨赢得了凡事为学生着想的美誉。

迪拉德大学新建了两座现代化的建筑，一栋是专业学院楼，一栋是学生活动中心。

专业学院楼根据科学、数学、化学和物理等专业教学和研究的需要而设计。它的空间根据每位教职员工的不同需求量身定做。专业学院楼不仅实用而且非常美观。这栋楼的美在于它能够吸引任何漫步于校园的人，无形中会在脑海中形成关于迪拉德的印象，那就是——这是一所高质量的学校。

学生活动中心的设计宗旨是让学生不出校园，即能体验高品质生活。这里集中了健身和娱乐设施。三楼有跑道、各种健身设备，学生们可以在这里锻炼。二楼有美容院、理发店、美甲店，还有露天剧院和保龄球馆。学生们可以在这里看电影、打保龄球。如果有人想来这儿饱餐一顿或享受美食，二楼也有餐饮设施。一层有学生保健中心，还有对社区开放的保健中心，里面的设施也是应有尽有。秀茨认为，迪拉德不仅是学生的，还是新奥尔良所有社区的，它应当为社区服务。在这栋楼里还有一个会议室，可以在此召开行政会议，也可以作为学生们学习的场所。

整栋建筑无论是宏观的设计理念，还是微观的设计细节，都充分体现了秀茨为学生长远发展倾注的心血。

在秀茨的领导下，专业学院楼和学生活动中心这两栋建筑的花销都控制在预算之内。

为新落成的专业学院楼剪彩。左一为秀茨，左二为校董事会主席Dr.Jyce Rochè，摄于2012年5月

秀茨注重节能环保。专业学院楼的设计崇尚自然，水资源在这里得到循环利用，比如屋顶的水可以收集到水槽，用来冲刷厕所马桶；地面以及建筑材料都做了化学处理，以防止老化。这座新建的专业学院楼获得了美国民间绿色建筑认证奖（LEED）。

这座如此高规格并通过质量认证的建筑造价昂贵，但从长远来讲是物有所值，秀茨考虑问题往往着眼于长远。秀茨让迪拉德起死回生而且比原来更好，这鼓舞了很多人。

不好对付的谈判高手

秀茨是一位很不好对付的谈判高手。比如说有一个竞标，3800万的大楼房建设项目，负责校园基建的副校长蔡斯会先看看竞标人每平方米的报价，然后与其他类似楼房的花销对比，然后判断价格是否合理。而秀茨会说："哦，很好，但是我想我们还可以把价格搞得更低。"于是她就去讨价还价了，她一定会让同样一笔资金的效益最大化。

虽然她已经把价格压到最低，但仍然不会放弃对建筑质量的要求。有一次， 蔡斯问秀茨："您对新大楼的质量有什么预期？"秀茨说："通过研究LEED的状况，我认为我们完全能达到银级。"她眨眨眼，冲蔡斯一笑："我们要的是一个银楼，你能否用同样一笔钱把它弄成金的呢？" 蔡斯简直不敢相信自己的耳朵："天哪！我们要拿到金级证书？"秀茨说："是的！我们要拿到金级认证。"

要知道，整座楼房是按照LEED银质证书的标准做预算的，蔡斯相信，在自己的监督下，达到这一标准是没有问题的，但现在秀茨想要的可不仅如此，她是想拿到金质证书认证！

虽然经过共事，大家都知道秀茨的积极进取精神，但这种超出常规的进取可给蔡斯出了难题。银质证书的认证已经是很高的标准，金质证书认证则意味着大楼对能源有效的利用和更先进的建筑设施。这几乎是不可能实现的目标，尽管蔡斯暗自叫苦，但在困难和挑战面前，蔡斯还是克服重重困难，尽最大努力去履行职责。

当然，秀茨也会以她的方式来靠近这一目标。秀茨会把建筑公司的领导叫来，不管是谁走进来，她都会说："来，我们坐下来谈一下。"最终，她会对建筑公司的老板说："我们共同努力，我相信我们有一天会看到我们能行。"结果她想到的，也就真的做到了。

秀茨对蔡斯负责学校基建的能力是没有怀疑的，但工程是否能够如期完成，有时未必是蔡斯所能左右的，所以秀茨和董事会非常明智地选出了工程监理公司，给予蔡斯工作上的大力支持。跟工程监理公司签订合同，就是为了在保证工程质量的前提下，监理工程进度，保证工期如期顺利完成。

在建筑设计的细节方面，迪拉德大学还需要雇用一批建筑师。对迪拉德大学有利的形势是，卡特里娜飓风后，整个新奥尔良市面临重建，很多世界顶级建筑设计师齐聚新奥尔良市。当迪拉德大学发布了有关对建筑资质的要求，至少20多个建筑设计公司、建筑工程公司及20多位世界顶级建筑设计师参与竞标。至于如何遴选出中意的建筑设计师，秀茨给予蔡斯较大的自主权。

蔡斯跟每个参与竞标的公司都进行了深入的接触和细致的沟通，经过审慎的考虑，蔡斯把注意力锁定马斯特建筑公司。因为无论是设计理念还是建筑质量，该公司都显现出出类拔萃的前瞻性和责任感，尤其是设计师BS，更具有天才般的设计头脑，蔡斯明显感受到他不同凡响的领悟力。最终，BS提交的建筑设计方案胜出，并被秀茨所青睐。事实证明，在后来的合作中，蔡斯和BS彼此的沟通极其畅快。

同时，还有来自亚历山大的建筑师C和当地的建筑师来提供帮助。建筑师给蔡斯提供正确的信息、必要的建议，确保计划按时进行。有一个叫PB的人，他在整个基建工程中负责供热和空调系统。新大楼设计得很先进，要配备最好的门窗系统，许多设施都要跟新建筑配套，所以供热和制冷设备不得不重新设计方案，所有的这一切，PB不仅做得很到位，而且干得非常漂亮。当然，建筑师们从迪拉德也得到了优厚的待遇。

虽然校园重建的具体事宜由蔡斯负责落实，但关键问题的决策还要由秀茨来拍板。如果说在建筑设计方案的选择上，秀茨显露出高超的艺术审美和不俗的判断眼光，为人们所折服，蔡斯完全能理解，因为蔡斯知道秀茨女士年轻时有过在纽约艺术圈游历熏陶的经历，其艺术的感受力确实不俗，但对于完全不曾经历的领域，为何秀茨也会有令人瞠目的判断呢？

在蔡斯眼里，地面上的基建工作进展倒还容易把握，但地下基础设施的建设似乎就没有那么简单了，因为对校园的地下水位是基建之前不得不率先弄清楚的，也就是说，为了提高校园基础设施的利用率，在哪里铺设管道才更安全合理，相关调查报告和数据提供出来以后，如何判断，蔡斯觉得需要获得专业指导，秀茨则指着图纸的某一个位置对蔡斯说："要保留这块地方，这里有地下水。"

后来证明，秀茨的判断是正确的，但是，蔡斯一直没弄明白的是，秀茨并没有真正看到地下连接着的各种供暖、排水管道，她是如何判断的呢？

重建的分歧和压力

随着重建工作的展开，在跟秀茨的配合中，蔡斯越来越深刻地领略到秀茨非凡的领导力。但在这一过程中，两人也不是没有意见分歧，比如关于宿舍楼的建设，蔡斯和秀茨之间不仅有分歧，有时甚至还有争吵，但即使如此，他们对彼此的欣赏也是显而易见的。

迪拉德大学校园里有两栋宿舍楼，在飓风中也遭受重创。蔡斯准备重修这两栋宿舍楼，援建的投资公司答应提供重修这两栋宿舍楼的资金。因为该宿舍楼是双层建筑，水只淹到一层，10英尺，二层没有遭到破坏，投资公司仅提供用于受毁坏部分修复的资金。蔡斯觉得，投资公司提供的资金，不能做彻底的重建工作，只能在资金允许范围之内，尽最大努力修复到最好。

在工程启动不久，秀茨就建议暂停，她对蔡斯说："你没明白我的意思，我想建更好的宿舍楼。"也就是说，她不想按照宿舍楼过去的样子重修。在秀茨眼里，投资公司提供的资金，不会让迪拉德变得更好。秀茨说："如果你有一架钢琴，投资公司只会支付修复这一架钢琴的钱，所以，要向投资公司递交申请，要它相信，让它同意，你想换一架能更长久地矗立在那儿的钢琴。"

是的，秀茨想要"换一架钢琴"，而且想要个更好的，但蔡斯知道这需要更多的钱。蔡斯原则性地让秀茨面对这个现实，由于资金限制，无法达到预期的高水准。

另一个比较大的分歧在于校外宿舍的建设问题。蔡斯个人认为，学生宿舍要尽可能建在学校里，但是董事会的成员们却不想在本部建这些设施，结果，迪拉德大学在离学校比较远的地方建了几栋宿舍楼。校外宿舍建成之后，蔡斯建议把它们卖掉，因为当时房地产市场的发展势头非常强劲，可以卖更多的钱，有了资金，就能更快地建学校的楼房。但董事会以为不适合出售。最终，秀茨采纳了董事会的建议，这或许是蔡斯和秀茨之间在工作上的又一分歧。但关于一些决定，蔡斯也承认，秀茨是大胆的，自己是保守的。

其实，蔡斯工作中还有更棘手的事情让他倍感压力。蔡斯的任务是让工人们顺利工作，高质量地完成并按时交工。但问题是，由于资金紧张，迪拉德不能按时发工资。看到工人们没日没夜地工作，却不能及时拿到工资，自己很难让人家继续干下去，很难督促他们在合同规定的期限交工。如此，工程就面临着拖延的巨大压力。如果一旦工程搁置，可能就不是几天的问题。对此，工人们往往不会找秀茨，而是找蔡斯讨工资，这让蔡斯感到压力很大。

如果说，蔡斯能感受到可见的压力，那么秀茨所面临的压力更是巨大的和无形的。但是秀茨的卓越领导力总能让看似不可能发生的事情成为现实。

2005年4月，秀茨被“黑人之声”（Black Voices）评为美国高等教育十大杰出黑人女性之一。新奥尔良市的《城市商业》（*New Orleans City Business*）授予她“年度女性”的称号。

秀茨信守承诺，2006年7月1日，卡特里娜飓风之后，迪拉德大学第一次开启了校门，迪拉德大学的师生重返校园，参加如期举行的毕业典礼。

毕业生们“列队穿过橡树林”，他们每个人手中都举着各自院系的旗帜，上面标有“谢谢您！”面对此情此景，无论是游行队伍中的师生，还是观众席中的家属，许多人都忍不住热泪盈眶。秀茨则感慨万千，因为迪拉德大学终于回到新奥尔良的家了！

提升迪拉德大学

卡特里娜飓风给迪拉德大学带来了毁灭性的打击，同时也使迪拉德大学经历了一次历史性的蜕变。在秀茨的领导下，迪拉德大学迎来了一个新的历史纪元。

秀茨具有非凡的洞察力。为适应全球化和新技术的迅猛发展，秀茨对迪拉德大学的培养目标做了相应的调整，即培养能成为未来世界领导者的优秀毕业生，他们应当视野广阔，具有文化意识和人文关怀。有了明确的目标和使命，首要任务就摆在了秀茨面前，那就是，如何带领迪拉德大学顺利通过美国高等教育认证。

美国高等教育由政府部门负责学校“注册”事务，由民间行业协会负责“认证”事务。

根据美国宪法，高等教育由各州负责管理，美国联邦政府对高等教育没有直接管辖权（军事院校除外）。美国设有联邦教育部，但其所承担的责任和职能完全不同于中国教育部。它既不制定高等学校设定的标准，也无批准成立高等学校的权力。由于全美没有统一的、政府主导的高等教育质量评估标准和监控体系，学分的认可、计算和转换成为各高校的内部事务，由学校自主决定。美国绝大部分州都设有高等教育委员会。其主要职责是研究制定州政府教育拨款分配方案、州内高校发展方向、处理政府与高校关系，不涉及学校具体办学事宜。

举办公立学校，需经州和地方政府立法批准，对其质量要求，各州均有具体的标准和政策。州教育主管部门对私立高校的设立和学位授予权均采取许可证管理制度，而管理的尺度各州宽严不一。但在公私立教育质量方面，州政府主要依靠民间认证机构的认证（accreditation）以确保教育质量和学生利益。美国没有官方的专门评估机构，联邦政府不参与、不干涉高等教育质量保障活动，而是将市场竞争机制引入高等教育领域，让高等院校面向社会自主办学。[①]目前，美国高等教育认证主要有两类：[②]一是院校认证（institutional accreditation），[③]二是专业认证（specialized or programmatic accreditation）。[④]

迪拉德大学获得了南部院校协会（Southern Association of Colleges and Schools，SACS）、国家护理联盟（the National

① 《美国高等教育体系及其学位制度介绍》，中国留学网www.cscse.edu.cn。

② 陈时见、侯 静：《美国高等教育质量认证的运行模式——以美国南部院校协会（SACS）为例》，《比较教育研究》2009年5月。

③ 院校认证是针对整个学校的认证，主要是对学校的办学目标、物质条件、经费来源、师资质量和师资队伍建设、教育质量、学生工作、毕业生就业情况、毕业生实际工作能力、办公及体育设施、各级管理水平、总体办学效益等方面进行整体性评估。院校认证又分为全国性院校认证和地区性院校认证。

④ 专业认证是指对某一专业的认证，是由专业职业协会会同该专业领域的教育工作者一起进行，为学生进入专门职业工作之前的预备教育提供质量保证。

League of Nursing, NLN)[①]以及路易斯安那州护理教育董事会(the Louisiana State Board of Nursing Education)、国家教师资格委员会(the National Council for Accreditation of Teacher Education)的认证。

南部院校协会是美国六大地区性认证机构之一,于 1895 年成立于佐治亚州的亚特兰大,是一个私立的、非盈利性的民间组织。南部大学认证协会每十年对迪拉德大学评估一次,在秀茨到任之前,评估结果并不乐观,大约有70多个需要改进的地方。秀茨接任迪拉德大学之后,经过5年的领导,在2010年4月30日的评估中一次通过,需要改进的地方仅剩3条。对于这样令人满意的结果,秀茨坦言:"虽然整个认证工作是大量而艰巨的,但对迪拉德大学而言的确又是积极的,因为有助于帮助整个大学把握战略方向。

但凡秀茨所追求的目标,一定是这个领域的顶级目标。在帮助迪拉德大学寻找更前瞻、更长远的发展道路时,秀茨首先锁定了商学院。

迪拉德大学的商学院规模很小,但比较专业,教师们的整体水平很高。即便如此,当秀茨提议商学院争取加入AACSB(AACSB是全球首屈一指的商学院和会计项目非政府认证机构)时,还是让商学院的人们有些瞠目。事实上,只有世界上拥有最好的商学院的学校才可以加入AACSB。秀茨的目标就是想让迪拉德大学成为最

① 国家护理联盟(the National League of Nursing, NLN)专业认证。美国护理教育评估经过100多年(1893~至今)的不断发展,已成为当今世界上最为先进的护理教育评估体系。1952年,美国护理联盟成立了正式的护理教育评估机构,标志着美国护理教育评估过程走向制度化和系统化。

好的大学之一。于是，秀茨请来一些咨询师，为学校建立一个新的战略规划。在商学院申请AACSB认证过程中，由于认证所涉及的费用超出了学校的预算，秀茨在经济上给予了很大的支持，秀茨也提供了很多社会资源，使认证通过成为可能。

秀茨带领迪拉德大学加入AACSB，这对于迪拉德大学来说是一件非常有意义的事情，收益巨大。到目前为止，从商学院毕业的学生都很优秀，毕业生水平的提升也带来较好的示范效应和社会声誉。随后，秀茨对迪拉德大学各院系的资源进行了整合，在此基础上成立了大学部制，学校的学科布局更趋合理，由此，迪拉德大学的学术资源和学术水准都得到了前所未有的提升。

可以说，秀茨的非凡洞察力就在于，她能发现某些潜在的可能性，并试着让看似不可能的事情成为令人惊叹的现实！

优雅而强势的领导力

在同事眼里，秀茨是一位高水平的专家，她不仅在学术界广受赞誉，还帮助周围的人在教育领域得到更好的发展。在迪拉德大学，秀茨总是尽可能为大家创造更多的机会，提供更多的支持，包括对教职工和某些专业里名列前茅的学生的助学支持。秀茨不仅展现出特有的坚强的领导能力，还浑身洋溢着亲善和活力，并深深地影响着周围的人。

费里斯·道金斯（Phyllis W. Dawkins，迪拉德大学现任常务副校长）2009年来到迪拉德大学，很快就发现秀茨有许多创意和想法，她感觉秀茨的角色就是带领迪拉德前进。秀茨推动迪拉德大学加入美国教育委员会（ACE），道金斯就参与了ACE在迪拉德大学的这一项目，有机会跟秀茨近距离地工作。期间，秀茨几乎每天都给道金斯打电话，有时候一天两三次。每天早上，秀茨一遇见道金斯，就会给道金斯一个令人惊喜的问候。见到道金斯下楼，她就笑吟吟地迎上去说："怎么样？充满梦想的小女孩儿？"寥寥数语，表明她知道道金斯在项目进程中面临着巨大的挑战。这种问候其实是一种温馨的鼓励，正是这些小小的鼓励，为道金斯和同事们注入了温暖的动力。

加入ACE会给学校和师生们带来更多的机会，秀茨希望一系列的计划可以落到实处，涉及每一个计划，秀茨都会召集有关会议，听取大家的想法。比如，秀茨曾多次召开会议，所有的教职工和学生都参加，讨论学校应该向哪个方向发展。在道金斯眼里，秀茨的独特天赋在于非凡的调动资源的能力。尽管有时不具备某些特定的资源，但在秀茨的推动下，大家能创造性地做些事情，找到实现梦想的方法。

在这一过程中，员工们得到了秀茨全方位的帮助。事实上，ACE在迪拉德大学的教育计划不仅推动了迪拉德走向国际化的进程，而且让教职员工们得到了前所未有的提升。与ACE的合作也成为道金斯人生中最宝贵的经历。

史密斯博士（Dr. Kimya Dawson-Smith）是迪拉德大学对外交流办公室主任，她从秀茨带领迪拉德大学克服重重困难的过程中，感受到秀茨无与伦比的决心和意志，而生活中，秀茨对自己家人的关照又让史密斯格外感动。

三年前，史密斯的妈妈去世了。她是一位长寿的老人，活到了

秀茨和学生在一起。戴宏摄于2009年

95岁。秀茨打电话来问候，当史密斯接过电话，却被其他事情打断了，当她再次回到电话前，不知道秀茨是否还在听电话。“当然，在听”，秀茨用柔和的声音回应道：“我今天早上正想你呢，想给你打个电话，问问你最近的情况，你妈妈的事情处理得怎么样了？”后来秀茨又打来一次电话，问史密斯：“亲爱的史密斯，你什么时候回学校来？”史密斯记不清自己说了什么，但秀茨说：“别忘了，回来的时候，打电话告诉我一声儿，咱们一起吃个午饭，我想看看你，和你说说话。”学校里有很多事情需要秀茨处理，尽管如此，她还要留出时间给下属、教职工们。史密斯和秀茨共事近十年，这是令史密斯最为动容的一次经历。

秀茨退休以后，仍然关心与她共事过的每一个人。2011年11月底，迪拉德大学一行人来北京参加世界大学女校长论坛之前，秀茨打电话提醒戴宏，他的好朋友福克特博士烧伤了，秀茨甚至知道福克特是怎样烧伤的，还有他母亲的一些情况。虽然自己和福克特是非常要好的朋友，但却不是第一时间知道他烧伤的，也不知道他是怎样烧伤的。于是，戴宏好奇地问秀茨博士："您是怎么知道这件事的？"秀茨说："不要问我是怎么知道的，我不仅知道这个消息，还知道你们是好朋友，我已经给福克特博士打过电话了，你为什么还没有给他打电话呢？"秀茨对员工的关心总是体现在细微之处。

温柔细腻是秀茨特有的领导气质，无论做什么事情，她都保持着一种和善从容的气度。她总是笑吟吟的，那明亮的双眸传递着一种欢乐的情绪，任何人与她谈话，都会有一种如沐春风的感觉。

秀茨流露出的镇定优雅的领导风范是极其迷人的，但真正了解她的人都知道，那是一种优雅而强势的领导力。

秀茨敢于做决定，敢于负责任。如果发现自己的执行助理没有

在北京国际饭店采访道金斯、史密斯后合影。从左至右依次是戴宏、韩运荣、道金斯、史密斯。摄于2011年10月底

尽到职责，秀莰丝毫不留情面，马上解雇，她先后解雇了4个执行助理；在5年当中，副校长换了5个，管理学校财务的常务副校长也换了4个。事实上，在美国，校长这个位置不像人们想象的那么光鲜亮丽，在5年内换了这么多学校高级行政主管，可以想见她所面临的矛盾和问题有多么棘手。

有一次，秀莰准备解雇一位副校长。给这位副校长下最后通牒前，还是需要一番面谈的。秀莰不想单独在办公室面对这位副校长，于是，她让助手跟随自己一起面谈。当大家围坐在桌子旁把这件事谈妥之后，准备告别，令人诧异的是，这位副校长居然起身亲吻了秀莰。等这位副校长离去，助手对秀莰说："秀莰博士，我怎么才能做到您那样，您是要解雇他，他却跟您吻别。" 秀莰笑着说："我也真想对他说，我是要解雇你，你这是在做什么？"但事实上，这种别样的离别对秀莰来说很正常。

对于正在推进的事情，如果有异议，有阻力，秀莰会提出建议，秀莰不喜欢搁置争议，她总是设法帮助大家来面对问题，解决问题。秀莰这种对事不对人的态度，得到了员工们的理解与认可。

迪拉德人感到，无论遇到多大的困难，秀莰跟我们在一起，一步一步地为我们指明方向。也正因为秀莰卓有成效的领导，把迪拉德人从自然灾害中、从精神创伤中，很快地拯救出来。

2007年秀莰正式卸任，在欢送游行中，秀莰坐在车中，接受全校师生的祝福，这也是迪拉德大学为有成就的人颁发的最高荣誉！秀莰从车上缓缓走下来，轻轻地挥手致意，她神采依旧，目光中充满爱意，但更多的是不舍……她的视线从人群中掠过，似乎在竭力跟在场的每个人一一道别，人们的眼睛模糊了。

如果没有秀茨，或许新奥尔良就不会再有迪拉德。即使秀茨离开了迪拉德大学，但她依然有能力推动下一任校长完成她未竟的工作和使命……

感恩与展望

当人们成功的时候会感到幸福，当自己能够帮助别人取得成功的时候更会感到幸福。

——玛维琳娜·秀茨

玛维琳娜·秀茨成功的秘诀是自信。秀茨常说："当你相信自己时，你就会给自己设立很高的目标。"

她的自信来源于哪里？秀茨说，"假如我实现了具有挑战性的目标，我就会设定更高的目标。我相信自己能够克服可能遇到的困难。我相信自己能做得更好。"

回馈母校

秀茨是佛罗里达州立大学（FSU）第一位获得管理咨询专业博士学位的非裔美国黑人女性。在一个完全由白人、男性主导的专业领域，秀茨克服了种种歧视和挑战，成为一名出色的博士毕业生。

可以说，秀茨的名字对于佛罗里达州立大学具有特别的意义。

2001年秀茨获得了佛罗里达州杰出教育家奖。2003年佛罗里达州立大学举办了一个“先锋人”的活动，即向佛罗里达州立大学的第一批成功的非裔美国学生致敬的活动。这些非裔美国人大都成为相关领域的领导者，秀茨就是其中的一位。

一直以来，秀茨希望能为母校做点儿什么。关键是，怎样才能把钱用在有意义的地方呢？

假如说在1969年，秀茨可能对学校咨询和机构咨询有一定的认识和想法，那么现在的毕业生所受到的锻炼就更加专业化。面对市场更多元化的需求，大学的专业结构更加明晰，如今的FSU一共有15个学院，其中艺术与科学学院建院时间最长，包括26个系，有人文、外语、计算机、数学、生物、物理、地理等。秀茨读博曾就读

佛罗里达州立大学杰出校友墙

的教育学院，现如今也有4个系，43个专业。其中，教育系是最大的系，所有专业都跟师资教育相关，最小的系是体育管理系，有两个研究部是关于教育领导力的，教育心理学包括三个专业。

佛罗里达州立大学杰出校友玛维琳娜·秀茨

教育学院师生总数差不多3000多人，有85位全职老师，45位行政工作人员，学生总数45%为研究生，剩下的是本科生。教育学院培养的博士生数量位居全校第二，硕士毕业生数量为第一。在硕士之后，博士之前还提供一种专业学位教育，在教育学院占有很重要的地位，跟学士学位相比，更注重实践。教育咨询管理专业发展越来越成熟，有更多的专业方向，什么样的专业对应什么样的工作，都具有明确的方向性，每个人都明白自己是从事哪种咨询服务的，所以学生们有更多的事情可做。毕业生越来越多，学生构成更复杂些，如果说，在秀茨的年代，攻读博士学位是因为自己特别想成为领导者，而如今则不同，学生们更关注是否能拿到学位，因为很多咨询岗位也需要博士。

秀茨考虑再三后表示，她想集资支持教育学院教师们的工作，尤其是年轻教师的工作和学生们的研究，那么，有什么方法能把这二者结合起来呢？后来，集思广益，教育学院建立了一个研究平台，每年夏天，教育学院会举办教师研讨会，并以秀茨的名字命名。通过报告会的方式，教师和博士生们对他们所做的研究进行汇报，使教育学院的老师和学生们能及时交流学术观点，展示研究成果。

秀茨对这个研讨会很感兴趣，不仅年年为它提供资金支持，而且每次都亲临现场。在5年时间里，40多个人做过报告，总花费是35000美元。

秀茨大力支持的这一项目，极大地挖掘了教育学院师生们的学术潜力，为学院的学术发展起到了非常重要的推动作用。

由于秀茨对母校的卓越贡献，2011年，FSU准备提名秀茨为FSU基金会的成员，秀茨为能加入其中感到荣幸。因为FSU基金会通常只有25位成员，为了保证公平，成员一般来自不同的学院，性别、年龄和民族也都不一样，自该基金会成立之后，只有两位成员出自教育学院，秀茨即是其一。2012年秀茨得到了任命，当年9月份第一次参与了FSU基金会会议。

秀茨希望母校变得更好，希望能帮助母校的老师和同学们。秀茨说："我对FSU很有感情，希望退休之后为她做些事情。"出于管理工作的需要，秀茨总是毫不犹豫地与美国社会各界名流交往，比如前总统比尔·克林顿、前国务卿鲍威尔、著名演员比尔·科斯比等。

秀茨尊重别人，更尊重自己的事业，这或许是她总能有效地组织社会资源，让自己的事业走得更远的原因。

与世界大学女校长论坛结缘

作为一名女性和一个美国黑人，秀茨深知自己处在一种双重的不利地位，但她努力克服种种局限。秀茨渴望成功，也希望帮助他人克服障碍，享受成功。"我的快乐源自观察和帮助他人成长，我十分享受这种帮助他人的幸福感”。

秀茨一直热衷于推动女性领导力的工作。1995年9月4—15日，第四次世界妇女大会在中国北京召开。会议主题为：以行动谋求平等、发展与和平；次主题为：健康、教育和就业。大会制定并通过《北京宣言》和《行动纲领》，指出了提高全球妇女地位的主要障碍，制定了今后的战略目标和具体行动。

作为美国加州州立大学斯坦尼斯洛斯分校的女校长，秀茨应邀参加。在金秋的北京，时任北京广播学院院长的刘继南教授正酝酿中国女性领导力研究，两位杰出大学女校长相逢。

相逢虽然短暂，但两位校长达成诸多共识。她们认为，在全世界范围内，越来越多的女性意识到要维护她们在政治、经济和教育方面的平等权利。

共同的使命感让两位女校长结下了深厚的友谊。自刘继南校长开启世界大学女校长论坛之后，秀茨校长每次都亲临参加予以支持。当2005年卡特里娜飓风来袭时，刘校长担忧秀茨的安危，发动在美国一切可能的关系，寻找秀茨女士的下落，并提供力所能及的帮助，这让秀茨难以忘怀。

卡特里娜飓风后不久，2006年第三届大学女校长论坛在北京召开，秀茨让戴宏博士陪同自己参加会议。在迪拉德大学恢复重建的过程中，戴宏身先士卒，积极推动数学系的重建，这让秀茨注意到了这位非常能干的华裔教授。

行程中，戴宏周到安排、妥帖照顾，使秀茨与中国的朋友们进行了更充分的沟通和交流，对中国文化有了更深入的了解。这是秀茨第三次到北京参加世界大学女校长论坛，她在人民大会堂发表了

2006年8月，秀茨出席第三届世界大学女校长论坛时与刘继南校长合影。右为大卫

2006年8月，出席第三届世界大学女校长论坛的女校长们在一起

激动人心的演讲，她讲了卡特里娜飓风给迪拉德大学带来的毁灭性打击，她如何四处奔走筹款重建……人们凝神静听，对眼前这位看似弱小却坚强勇敢的女性肃然起敬。

而当秀莰讲到不到一年时间，新的教学楼已经落成，毕业生如期穿行在橡树林间举行毕业典礼时，会场里瞬间响起了经久不息的掌声……

此时的刘校长内心更是百感交集，她敬重秀莰历尽艰难所取得的成就，更理解秀莰作为一位女性校长为事业的全身心付出。

2011年11月，第五届世界大学女校长论坛在厦门举行。秀莰说，她欣赏刘继南的价值观念，以及她的智慧、她的知识和她的所作所为。其实，令秀莰欣赏的人跟她自己有某些相似之处，共同点是追求自我成功的同时帮助他人获得成功。秀莰认为，刘继南在女性领导力方面做的工作非常有成效，她理解刘校长把这个论坛带到中国来的深远意义。

这个世界比以往任何时候都更需要听到女性的声音。秀莰确信全球的女校长可以有所作为，让女性在世界和平、经济发展、人类平等和民主等方面展现她们独特的力量，绽放她们绚丽的光芒。

最珍视的荣誉

秀莰所从事的科研与著述主要分布在教育学、组织管理学、人类行为多元化等方面，她还是诸多重要期刊的编委会成员。她曾在全球做过上百场主题演讲，包括美国、澳大利亚、南非、哥斯达黎加、俄国、立陶宛、中国、百慕大群岛、约旦、埃塞俄比亚……并在多个国内外奖项中获得殊荣。

秀茨一直活跃于教育领域，曾当选美国大学人才协会的主席，最近被任命为四年期的美国政府关系教育委员会的委员。她正在撰写有关大学及社区建设的著作。秀茨还是诸多组织的委员，包括美国州立大学联盟（the Association of American State Colleges and Universities），美国公立和赠地大学协会（the Association of Public and Land-grant Universities）、美国学院人事协会（the American College Personnel Association）和国立咨询中心协会（the National Association of Counseling Center）。

秀茨获得过很多国内外奖项，其中大部分是有关人类权益、学术、出版和教育等方面的。在这些奖项中，秀茨最为珍视的一项荣誉，是2010年美国教育委员会（ACE）颁发的"导师奖"。

美国教育委员会是美国最大的高等教育专业组织。1965年ACE伙伴计划建立，旨在通过为大学高级行政部门遴选和储备人才，来完善美国高等教育制度，促进美国高等教育的发展。"导师奖"每年颁发，由大学校长们亲自投票选举产生。

2010年3月7日，在美国亚利桑纳州首府凤凰城中心的喜来登酒店，美国教育委员会举行了第92次年会。本届"导师奖"的获得者是：迪拉德大学校长玛维琳娜·秀茨，乔治·华盛顿大学的名誉校长史蒂芬·乔尔·特拉亨伯格。

特拉亨伯格是乔治·华盛顿大学的第15任校长，现为名誉主席，公共服务学教授。特拉亨伯格先后获得哥伦比亚大学（纽约）文学学士学位，哈佛大学公共管理硕士学位，耶鲁大学法学博士学

2010年，荣获美国教育委员会（ACE）导师奖玛维琳娜·秀茨和史蒂芬·乔尔·特拉亨伯格

位，此外，他还拥有16个荣誉博士学位。他的高等教育事业始于波士顿大学，后来出任哈特福德大学校长。他撰写了大量著作，比如《美国高校的招聘艺术》（*The Art of Hiring in America's Colleges & Universities*）、《从声音中思考》（*Thinking Out Loud*）、《高等教育的反响》（*Reflections on Higher Education*）、《说出他的想法》（*Speaking His Mind*）和《大学里的牛人》（*Big Man on Campus*）。

在秀茨心目中，特拉亨伯格是自己的偶像。让秀茨万万没有想到的是，经过4000多位大学校长的投票选举，竟和自己的偶像一起获此殊荣。

秀茨的大部分时间都在指导别人成为成功者、佼佼者，她认为，没有什么比促进他人的成功更令自己满足的了。

当问及秀茨为什么获得的众多奖项中，最钟爱ACE的“导师奖”时，她说，“什么是‘导师’？导师就是能把人培养成为他们理想境界的人”。

一席话，我突然明白了，为什么迪拉德大学对外交流办公室的主任史密斯博士曾说，秀茨校长跟学生的关系很好，经常会有学生找秀茨，向她汇报自己在做什么。秀茨的职业生涯中，长期居于校长的职位，但实际上，她不仅仅是一名校长，她还会腾出时间来与学生们沟通并关注学生的心灵成长。

史密斯记得，有一天，秀茨给她打电话说，有一位新入学的女生情绪很糟糕，因为她一直在祖母身边长大，这是她第一次离开家，很不适应，需要找人聊聊天儿。随后，史密斯找到了这位女生，不仅安抚了她，还答应会定期地去看望。后来，这位女生经常找史密斯，她们成了好朋友。就连史密斯也不知道秀茨是和这位女生谈过还是和她的祖母谈过，史密斯所知道的是，秀茨博士率先发现了这个女孩的心理问题，并打电话告诉自己要想办法去帮助这个女孩。

当然，秀茨对师生的关切，不仅仅体现在细微之处，她还积极组织很多项目为他人提供成功的平台。秀茨作为一位导师率先在美国组织了一项全国性训练计划，该计划更大程度上是面向那些想成为校长的有色人种，因为他们虽然想成为校长，但自身还存在很多问题需要克服。该项计划在华盛顿实施，每年一个多星期。秀茨自愿把个人的及全国的大学校长朋友们的经验传授给来这里交流的优秀人才。后来，项目结束前，全国范围内总共培养出了50位大学校长。秀茨觉得，能如此这般地影响到别人，可以说再没有比这更令人开心的了。

秀茨基本的价值观在于回报他人，帮助他们成长并获得事业上的成功；其目标也是传授一种助人的价值观，即帮助他人并使他们的潜能最大化。

没有终点的事业

每位校长对大学的未来都抱有很美好的愿景，希望在任期内能有所作为，但是，任何人都不能决定未来，唯一能做的就是把握当下，这就意味着即使再卓越的领导者，在卸任后也会有遗憾，秀茨也不例外。

秀茨刚刚退休，迪拉德大学就遇到更大的财政危机。学校领导者的战略固然长远，但谁也没有预料到此次经济危机如此严重，持续时间如此之久，那么，过去再完美的决策和蓝图似乎也难以兑现。有人称这是迪拉德大学面临的第二次卡特里娜飓风。

客观上，由于2008年世界性的经济危机席卷全球，美国所有的大学都受到了冲击。首先，就美国政府而言，联邦政府削减了教育经费，因为政府把更多的钱都花在战争军费上了。一旦联邦政府削减开支，州政府在教育、卫生、保障事业的经费也相应无条件作出削减。源自政府的资金大幅缩减，意味着迪拉德大学不再可能有来自政府的建设资源，政府也不允许你再投入了。况且，在美国所有的学校中，州政府会率先顾及公立学校，路易斯安那州政府从来没想过给迪拉德经费支持，新奥尔良政府自身也很困难，因为他们仅仅从州政府获得一小部分经费支援。其次，正常情况下，从捐助者那里得到的钱也能维持学校的运转，但是这些捐助者的支付情况是受经济形势影响的，尤其2008年的世界经济危机带来了微观经济形势的萧条，这让捐献者们也无力向学校投入更多资金。在此情况下，对于迪拉德大学的团队来说，募集资金就变得很艰难。与此同时，大学也不能再提高学费，因为学生们也没太多的钱交学费。

主观上来说，几乎每一个美国人都喜欢宏大，更大、更高往往意味着更好、更漂亮，多数美国大学校长也都想建更大、更好、更完善的运动场、实验室和图书馆等，这就需要一个领导人能跟得上潮流，跟得上其他众多校长们的步伐。但每个领导人也要考虑开源节流的问题。一座大楼的建设，不仅包括楼宇本身，还有维持大楼运行所消费的大量设施、家具等；另外，豪华的大楼是好，但要想让它保持漂亮崭新的面貌，就要花更多的时间和金钱去维护它，像修桌子、修椅子、修灯诸如此类，这些都需要钱，而且不是小数目。同时，要聘用教授，要更多生源，这就会使许多领导处于疲于奔命的状态。因为一旦陷入这样循环投入的怪圈，其结果是，总有一天，就再也投入不起了，在美国，许多校长因为建这些大楼而臭名昭著。

秀茨在加州州立大学斯坦尼斯洛斯分校任职时募集过很多资金，在迪拉德大学也是如此，但结果截然不同，之所以如此，原因是多方面的。

首先，是经济形势不同。秀茨在加州州立大学斯坦尼斯洛斯分校时，加州的经济正处在黄金增长阶段，是经济发展最快最好的时期。

随着经济危机的来袭，州政府减少了在教育事业上的经费。加州的大学遇到这样的挑战，路易斯安那州的大学更是如此。

迪拉德大学非裔美国人占大多数，所以迪拉德的发展还面临着学生多元性的问题。也就是说，迪拉德不仅要面向传统非裔美国人社区，还要适应全球化的趋势。秀茨想看到迪拉德大学更大程度的多元化，她决心采取措施，这样就需要奖学金作支撑，用奖学金来吸引更多的人。但目前的形势是，学校很难筹足够多的奖学金。学生们希望用最少的花费接受最高质量的教育。因为很多大学都是收费学校，这就会导致市场竞争的加剧。这样学生最终作出选择时会说，学费这么贵，我想要奖学金来支付我的学费。他们当然会选择那些提供高奖学金的学校。

秀茨在迪拉德大学的校长生涯中，财政是其面临的真正的挑战。校长还与董事会一样肩负着受托人的责任。校长要对学校在财务方面的诚信负责，这不单单是要负责确保收支平衡，而且还要负责证明每一笔支出都是恰当的、必需的，并且还是富有成本效益的。在预算紧缩的岁月，校长在强制性地要求控制成本或配置资源上可能扮演着关键角色。由校长及其高级行政团队作出的很多行政决策都涉及棘手的财务方面的问题，比如在什么地方把预算削减下来以应付收入的不足，包括对学术或行政单元可能的叫停。在经济状况不理想的环境下，学校不得不作出物质的决定：学校里的每个人的工资削减10%来做必需要做的事情。但最终，在她离开学校之前，她还是从那10%中向教职工归还了5%。

内外部环境的严峻局面也激励了迪拉德大学的教职员工要设法把学校变得更好，更有竞争力。可以说，美国很多大学也正面临这样的问题，减少对基础设施的资金投入，却还要保持一样的质量、品质，这就是一个挑战。

经济形势的恶化是整个美国面临的挑战，对于迪拉德大学来说也是如此，但是迪拉德人很乐观，虽然拥有的资源减少，重建依旧，学校还是会充实起来。

作为传统的黑人大学，迪拉德大学经常遇到财政上的困难，从来没有充足的钱来做必须要做的事。尽管秀茨已经辞去迪拉德大学校长一职，但她继续为这所大学工作。她相信困难总是有办法解决的。一方面，通过保留迪拉德大学在美国重要项目中的领导地位来确保稳定的资金来源；另一方面，她继续积极募集资金。2011年，秀茨从美国联邦政府募集了2500万美元，这个好消息在迪拉德大学24周年校庆时宣布令全校师生备受鼓舞。

相互扶持，荣耀家族

当秀茨手捧ACE颁发的奖杯，站在领奖台上时，她最想感谢的是自己的家人。当为飓风后的重建不得不顶住压力力挽狂澜时，当为迪拉德大学的财政危机迎难而上时，秀茨从内心深处感恩自己的家人。可以说，父母之爱，兄弟姊妹之爱，是秀茨力量和勇气的源泉。

秀茨的8个兄弟姊妹都受过高等教育，其中，3位获得博士学位，4位获得硕士学位，还有一位是成功的房地产经营者。兄弟姊妹有的在基础教育领域，有的在中等教育或高等教育领域，有几位就职于美国一流高等学府，成为知名学者和教授。

当兄弟姊妹取得任何成绩之时，父母都会亲临现场，给予孩子们鼓励，他们从未缺席孩子们的任何一次毕业典礼。他们不仅骄傲地沉浸其中，还为孩子们的每一次自我超越欢欣雀跃。兄弟姊妹们也相互支持，无论谁获得殊荣，每个人都会在那一时刻悉数到场祝贺。

弟弟赫尔曼是一名计算机科学家、数学家和工程师，虽然他成长过程中一直以姐姐秀茨为楷模，但他对当大学校长毫无兴趣，还是选择了自己想做的事情。2000年，赫尔曼被授予美国大学杰出教授奖，所有兄弟姊妹都被邀请参加，赫尔曼承诺为大家提供所有的食宿。但秀茨因为要参加学校重要的董事会，不能确定是否能来，只是告诉弟弟，如果不能到席，就要替弟弟承担所有食宿费用。

一般来说，学校开董事会，董事会成员是不允许缺席的。可是杰出教授的荣誉确实难得，秀茨当时也是进退两难，不知道该怎么办。但最终秀茨还是找到校董事长说自己因为弟弟的原因要请假，董事长问："你弟弟怎么了？"秀茨说："他今年荣获美国杰出教授奖，明天授予，我想我明天应该在那里，而且我也想去。"校长二话没说，催促秀茨说："赶紧走！"于是，秀茨简单收拾了行李直奔机场。

赫尔曼的妻子去机场迎接了秀茨，当秀茨走进赫尔曼房间时，赫尔曼像是收获了意外的惊喜。赫尔曼知道秀茨会把支持兄弟姊妹当作自己的责任和义务。确实，秀茨为兄弟姊妹提供了很多支持和鼓励。赫尔曼曾经邀请秀茨担任自己负责的项目的特别演讲者，秀茨的演讲总能让聆听者深受鼓舞，有时候，他们会给赫尔曼提议："我们需要支持，赶快让你姐姐过来给我们做个演讲吧！"

秀茨的身上，秀茨兄弟姊妹的身上，都有重视学识、重视合作、追求卓越的品质，这是他们对父母的优秀品质的传承。妈妈一生投身教育，成绩卓著，也曾获得荣誉无数。秀茨永远也不会忘记，当自己还是一个小女孩时，妈妈就教育她追求卓越。每每想到这些，秀茨感恩于父母所做的一切。

秀茨曾坐在办公室里想，许多年来，兄弟姊妹们天各一方，远离父母，不知不觉中，父母已垂垂老矣。此时，秀茨想的最多的是，能为父母做些什么。秀茨深知，对于父母而言，传承家族的信念是对父母最大的感恩。秀茨忽然想起了家族停滞多年的圣诞聚餐。

每个家庭都有一些约定俗成的家庭聚会，比如迎娶、婚嫁或其他特别的仪式，这种仪式往往会成为一个家族增强凝聚力的媒介，对于秀茨家族而言，圣诞聚餐就成为家族成员团聚的重大庆典。秀茨家的家族聚会传统始于1958年，由秀茨的祖父母查尔斯和贝蒂发起。最初，这个家族聚会并不是每年一次，1973年，贝蒂决定每年举办家族聚会，地点在不同的城市，从此这个聚会被沿袭下来。但在1979年聚会之后，贝蒂去世，家族聚会暂时中断。秀茨和兄弟姊妹们商议，为了向父母表达儿女们的敬意，继续举行家族聚会。

自1981年起，每年圣诞节，秀茨家族就会团聚家乡尤他。聚会时会邀请专业的钢琴演奏者，秀茨经常扮演两种角色，既是小提琴演奏者又是演讲者。后来，将每年的圣诞节之后的12月27日作为家族的圣诞团聚日。因为母亲艾伯塔的生日在12月份，一年一度的圣诞就成为母亲生日庆典的延续。从1981至2006年，秀茨家族在迎接一年一度的圣诞节之时，也迎来了家族的团聚日，年年如此，从未间断。

圣诞团聚日会选择在不同的地点庆祝，有时在迈阿密，有时在奥兰多，有时在拉斯维加斯，大多在希尔顿酒店欢度通宵。秀茨家的兄弟姊妹们从各地回到父母身边。孩子们会准备丰盛的晚餐，邀请乐队，还有上百位客人，大家都盛装出席。父母非常喜欢这样的聚会，尤其母亲特别开心。玛维琳娜·秀茨也很开心，她会尽情地跳舞，享受家人欢聚的时光。

每逢圣诞节，格林县的人力资源部门都会发起社区募捐活动。这些活动包括，接待一个需要帮助的家庭，向圣诞基金会捐款，为0到18岁的孩子们购买圣诞礼物，为老年人购买礼物，捐赠食物。这是庆祝圣诞节的一种特殊的方式，它为爱心人士提供了帮助他人的理想途径，也让格林县的人们共享基督精神，在给予中获得真正的喜乐。

母亲艾伯塔每年都积极参与捐助活动。2003年圣诞节，她为贫穷的孩子们准备了很多礼物和善款。她端坐在装饰华美的圣诞树旁，一脸的慈爱和安详……这是96岁的母亲最后一次庆祝生日。

2004年的圣诞家族聚会，母亲缺席。一天，秀茨为逝去的母亲写了一份生日献词：

12月3日，她应该97岁了，然而她却追随着天堂的号角归入主的怀抱。

上帝说："做得不错，Alverta，来吧！和天使一同起舞，接受我永恒的仁慈吧。"

她96年的生命中，充满了无限的给予和付出，她因此也获得了生命的安宁和愉悦。

令人痛苦的是，我们带着悲痛和感伤低下了的头。

她小声地对我们说："忠诚于上帝会带给你光辉的明天。"

秀茨一家在圣诞聚会上的合影

1994，母亲寿辰，秀茨奉上生日蛋糕

2010年圣诞聚会

2010年圣诞聚会

秀茨家农场里父母相依的墓地

为了纪念母亲，秀茨家族集资在尤托的中心地带兴建了一座喷泉，上面题有：纪念教育家、人道主义者、公民的精神领袖艾伯塔·霍尔·秀茨（1907–2004）

母亲去世后，秀茨和兄弟姐妹们更加珍惜彼此的亲情。2010年齐聚加州尤托欢庆圣诞，2011年在塔斯卡卢萨（Tuscaloosa）芭芭拉的家里举办了家族聚会。家人们非常享受围坐在桌旁的温馨惬意。

平等在家庭中意味着什么

如果说父母双亲之爱和姊妹之情让秀茨更有归属感，那么，秀茨的丈夫大卫则给予了她无比的幸福感。无论身处荣耀还是困苦，大卫永远是秀茨的忠实守护者，随时准备在秀茨需要时施以援手。大卫既是秀茨忠实的爱人，又是秀茨信心与力量的源泉。秀茨打心眼儿里承认，如果没有大卫的陪伴，就不会有光彩照人的自己；如果没有大卫的倾心鼓励，自己也不会走这么远，更无法应对身为大学校长所面对的种种挑战。

大卫是一位心理学博士，也是一位心理医生。在加州时，秀茨是校长，大卫是心理学教授；当他们到了迪拉德大学，大卫加入了美国杜兰大学的诊所，尽管工作很忙，他还是尽其所能支持秀茨。

2012年暑期，笔者到加州采访时，在接连几日的采访中，看到了生活中的秀茨和大卫。

从迪拉德大学退休后，秀茨住在加州莫德斯托的一个富人区。加州的富人区一般都远离市区，秀茨所在的社区也比较偏远。在约定的时间里，大卫驱车来迎接我们。穿行在花园般的社区，绿树掩映，流水潺潺。我们的车停在了一栋清雅的白色小楼前。哦，这就是秀茨在加州的居所。楼前绿茵铺地，有几棵叫不出名字的高大的

秀茨和大卫在家中

秀茨和大卫在家中

树木，错落有致地排列在小楼前后。在树木的掩映下，小楼更显出别致的风情。

8月份的加州早晚温差很大，我穿了一件羊绒裙装，站在微风中，还是感觉到了几分凉意。我在想，上次见秀茨还是2011年厦门会议期间……

只听大卫一声热情的召唤，秀茨从屋里款款而出。只见秀茨身穿袒肩的大红色礼服，脚踩白色高跟鞋，卷发披肩，神采奕奕。天哪！我面前的秀茨就像一个时髦的少女，美得令人炫目！穿着隆重也是秀茨礼遇客人的一种方式，盛装是为了迎接远道而来的中国客人。当然，还少不了一个热情洋溢的拥抱。大卫则站在秀茨身旁，满脸笑意地分享着秀茨的快乐。

大卫和秀茨都喜爱中餐，如果能在中餐厅接受秀茨的宴请，那一定是秀茨格外重视的客人。笔者有幸受到了这一特殊的礼遇。去中餐厅路途稍远，这次是秀茨驾车。秀茨的座驾是一部黑色高档轿车，内饰很特别，座椅是极其夺目的大红色，车身与车座黑红搭配非常抢眼。大卫非常体贴地打开车门，身着红色礼服的秀茨屈身坐到驾驶座上，大卫俯身说了些什么，秀茨对大卫嫣然一笑。我简直出现了错觉，这是一位年届八旬，业已退休的大学校长吗？分明是一位加州的好莱坞明星！大卫替秀茨关好车门，蹒跚着绕过车身，坐到副驾驶座上，恭敬地如同侍奉自己的女神。

秀茨身上似乎总有一种魔力，无论她出现在哪里，总会引来众人的瞩目。秀茨一到中餐厅，老板和服务员立刻围拢过来，秀茨则嘘寒问暖，相谈甚欢，恰似见到久别的老友。大卫笑吟吟地望着谈笑风生的秀茨。

席间，大卫依然是安静的聆听者，只是他的注意力转移到客人身上，非常周到地为客人服务。用餐结束，秀茨柔声地问大卫："亲爱的，吃得好吗？"眼神里透露着关切和爱意，大卫则报以温暖的笑容。

用餐完毕，秀茨夫妇相互搀扶着走出来。大卫依然把秀茨送到座驾旁，打开车门，秀茨上车，轻轻关门，然后，大卫又蹒跚地绕过车身坐到自己的座位上。他们的默契令人感动。因为大卫的腿脚不好，所以行走缓慢，但他依然很绅士地为秀茨"服务"。

但凡拜访过秀茨夫妇的朋友们，记忆深刻的是，大卫恭敬地站在家门口俯身为秀茨的客人开门。对客人的感谢，他则笑盈盈地回答："为客人服务，是我的责任。"只要秀茨在，大卫就紧紧追随。秀茨在谈话，大卫就静静地看着秀茨，有时报以会心的一笑，有时简短地补充；秀茨接电话时，大卫依然静静地站在秀茨身旁，随时为秀茨取一下东西或记下些什么；当秀茨陪着客人四处走走，大卫会对秀茨说："你很幽默，我会跟着你。"

秀茨担任大学校长时，妻子把他们的关系视为平等的伙伴关系，他们的角色分工有所不同，但是地位不会不平等。

大卫认为，秀茨为大学付出了很多，所以，作为丈夫有责任帮助她。的确，大卫对秀茨非常体贴，从不大男子主义，他会做很多家务。比如秀茨带客人来到家里，大卫会准备食物；秀茨有社交活动时，大卫亲自为秀茨打点衣物，洗熨衣服。大卫想得很简单，自己只是做了微不足道的事情，但真心希望自己所做的一切，能最大限度地减少秀茨作为一个校长的压力。大卫为秀茨感到骄傲，也为自己能够帮助她而自豪。可以说，他们几十年如一日，彼此倾慕，彼此爱护，彼此为荣。

秀茨和大卫即将迎来人生中的一件大事——40周年结婚纪念日，他们正畅想着一起做些新奇的事情。

秀茨认为，每个人生命的起点不同，有些人天生优越，有些人天生贫穷，但每个人都可以掌控自己生命的结果。

秀茨很庆幸，由于自己的重新选择，人生之路能与大卫相伴！

爱与信念的传承

秀茨不仅在事业上是一位出色的领导者，在整个家族中也一直扮演着非常积极的角色。秀茨的成功不仅惠及他人，也给秀茨家族的晚辈们设立了一个几乎难以逾越的高度。家族成员都很尊重秀茨，令秀茨欣慰的是，孩子们不仅在成长，他们的视野愈发开阔。

特马拉·利兹是秀茨的外甥女，担任塔斯基吉大学的校长助理。秀茨听说特马拉来到塔斯基吉大学任职时，非常开心。塔斯基吉大学是自己梦想起飞的乐土，她希望特马拉在这里有所作为。于是，她主动帮助特马拉。特马拉也时常向姨母讨教，并深受启发。姨母为自己树立了追求完美的典范。

2007年秀茨回到塔斯基吉大学参加校庆，在毕业典礼上发表演讲，她获得了由校长亲自颁发的布克·华盛顿遗产奖（Booker Washington Legacy Award），那一刻，所有的家庭成员都在场，包括特马拉。

如今，特马拉在塔斯基吉大学度过了大部分职业生涯，并成为

塔斯基吉大学。左为秀茨的外甥女特马拉·利兹（Temara Lees）、右为戴宏。摄于2012年8月

塔斯基吉大学的校长助理，塔斯基吉已经成为她生命的一部分。在特马拉眼里，姨母在高等教育领域享有美誉，她就像一颗明星照亮了自己。

除了特马拉，秀茨家族还有一位塔斯基吉大学的成员，那就是克里斯·李（Chris Lee），他是特马拉的儿子，也是秀茨的侄孙。克里斯二十多岁了，本科学政治学，正在塔斯基吉大学攻读国际公共关系学的博士学位，克里斯志向高远，他正在为参加塔斯基吉市政议员的竞选做准备。

塔斯基吉是美国南部的一座历史名城，是黑人教育家布克尔·华盛顿和植物学家乔治·华盛顿·喀威尔等历史名人的故乡，有很多颇具特色的名胜古迹，代表着塔斯基吉黑人民权运动的历史。

克里斯生于斯，长于斯。如果竞选成功，他就要成为塔斯基吉的民众代表。克里斯踌躇满志："在议会上，我不仅代表我个人的利益，还代表生活在塔斯基吉的人们的利益，包括塔斯基吉大学的学生们、老师们。"

克里斯希望能推进旅游部门的工作，让更多的游客了解塔斯基吉的历史，使它像美国的纽约、华盛顿、迈阿密和洛杉矶一样在国际上享有盛名，吸引旅游资源，进而推动经济的发展。

克里斯是如此自信："我的优势在于，我觉得我年轻，能把青年人带动起来，尤其是学生们。我能代表他们的想法。同时，我的父母在社区工作了很多年，大学里的长辈们也会支持我，我和他们沟通得很好。我了解他们，能代表他们的利益。我了解塔斯基吉的一切，我爱塔斯基吉。"克里斯认为，到了年轻人承担责任的时候了，

2012年8月，正值塔斯基吉市政议员选举，这是在街边树立的助选广告

年轻人有权利、有力量来改变一切。

对于这位侄孙的远大志向，秀茨全力支持。2010年，克里斯大学毕业后，秀茨介绍他到华盛顿白宫的总统电话接待处工作过一段时间。

总统先生每天都会收到几千封信，但是总统是没有时间读每封来信的，之前，要由总统电话接待处的工作人员过滤筛选。在这个办公室里，克里斯每天要读大量信件，在所有的信中挑出最重要的8封给总统先生，由总统亲自回复。其他来信，则根据信的具体内容，决定用什么样的方式回复。这样的工作机会，是和全美的民众交流的机会，由此让克里斯了解到全美发生了什么，全美的民众最关心什么等。

克里斯离开白宫后，也曾到国会山的国力均等教育机会协会（NAFEO）实习，代表所有的黑人大学，包括迪拉德大学、塔斯基吉大学等。秀茨启发克里斯，要让黑人大学变得更强。

在国力均等教育机会协会工作时，克里斯意识到秀茨在教育界是何等重要的人物。他跟其他大学的校长有密切的工作联系，当他提到自己的姑婆秀茨时，他们都对秀茨赞赏有加。她在高等教育领域无疑是赢得了同行们极大的尊重。

确实，秀茨所做的事情也真让克里斯敬仰，比如重建遭受卡特里娜飓风袭击的迪拉德大学。从心底里，克里斯有了想做大事的愿望，希望有一天，自己能走上秀茨走过的道路。“如果有一天我成为大学校长，那一定跟她还有她做的事情有关系，因为我也想做同样的事情。”

在白宫的实习，不仅让克里斯长了见识，也让克里斯增强了信念，他决心让塔斯基吉的议会展现出跟以前不一样的景象。克里斯坦言："在白宫总统电话接待处的工作经验很重要，现在我回到我的家乡，决定把这些经验应用到塔斯基吉。"克里斯和秀茨有一样的想法，要让塔斯基吉走向世界，让世界了解塔斯基吉。"现在世界变化速度很快，我们一定要跟上时代发展的步伐。我想和中国、巴西等国家建立国际合作平台，希望在塔斯基吉建立中国工厂，为当地人提供工作机会。我想用科技来让塔斯基吉变得更加美好。"

克里斯一家一家地敲门访问选民，问他们想看到塔斯基吉发生怎样的变化，"如果我当选议员，你想让我做什么样的事情？"人们有很多问题，最基本的是一定要让他们在议会上发出自己的声音。

陪同克里斯逐家访问的还有他的女友贾丝昵·菲拉尔（Jasmine Filar Shehon），贾丝昵学习国际关系专业，之前在伦敦待过，后来又在中国待了一年，中文名"尔雨菲"，她对政治话题兴趣十足。她知道克里斯的人脉都在这座历史名城——塔斯基吉，受到了家族中一些先锋人物，比如秀茨，还有母亲的影响，她也真正明白了家族团结的重要性。贾丝昵意识到如果想做什么，一定要从现在做起，所以，贾丝昵理解克里斯的志向，支持他、跟随他，愿意和他在一起实现重建塔斯基吉的梦想。如果竞选成功，克里斯将会在议会工作四年。

贾丝昵跟着克里斯一家一家地拜访，或者去麦当劳等公众场所尽可能地跟更多的人聊天，告诉他们克里斯在竞选议员，并询问如果竞选成功，想让他做些什么。贾丝昵穿着T恤衫，克里斯走到哪儿，她跟到哪儿，有时候和这儿的人谈谈家庭，谈谈对塔斯基吉

左起：戴宏、秀茨的外甥女特马拉·利兹、特马拉·利兹的儿子克里斯·李、克里斯·李的女友贾丝昵·菲拉尔，2012年8月摄于塔斯基吉大学特马拉·利兹的办公室

的感受；有时候不说，只是保持着微笑。对于贾丝昵来说，她已经把塔斯基吉当作自己的家，有一点陌生还有一点兴奋。

又一天的奔波结束了，两个年轻人畅谈正酣，毫无疲惫之色，一想到自己的青春岁月如此紧密地和自己国家的政治生活联系在一起，他们倍感振奋和惬意。

无论是在家族中，还是在事业中，秀茨是领导者，受人尊敬。同时，她还是一位精神导师，如果你想知道怎样教学生，可以去问她；如果你想知道怎样教老师，可以去找她；她又像你身边的一个普通朋友。

当秀茨赋闲在家时，有了充裕的时间来反思自己的人生和整个家族的过去。有时她会给弟弟赫尔曼对话，我们拥有怎样的一种生活？如果自我评价的话，姐弟的共识无疑是肯定的，“我们拥有非常美好的人生，包括儿时在农场的生活，在公立学校所接受的教育，后来的职业生涯，而之所以能拥有非常美好的人生，原因就在于，在生活中的各个阶段，我们都很幸运地给自己设立了自己所能达到的最高目标。也许，有很多人曾经给自己设立了最高的目标，但能百分之百地实现目标的也许只有五千分之一的人。”

其实，秀茨正是用她生命的每一天去演绎着一个出色的、从未停止前进的传奇……

后 记

为国外杰出的大学女校长立传，不能不说是一项宏大的历史性的工程，我承担了美国迪拉德大学第一位黑人女校长玛维琳娜·秀茨传记的写作任务，其挑战性不言而喻。

对于本书的顺利完成，需要感谢的人很多。首先要感谢玛维琳娜·秀茨和丈夫大卫先生对本书提供的一切支持。为完成本书，2012年暑期我专程赴美采访和收集资料。在此之前，秀茨女士即与相关的被访者进行过沟通，为我提供了非常周到的访谈安排；在美期间，秀茨女士还提供了大量相关的文字资料，并对某些细节给予了细致的解读；即使我回国后，对于某些未尽事宜，秀茨又不厌其烦地给予了答复。感谢秀茨的丈夫大卫先生，事实上，秀茨的每一份付出，都有大卫先生的体贴陪伴。只是令人倍感痛惜的是，在本书即将付梓之际，大卫先生因病不幸逝世。多年来，秀茨和大卫情深意笃，相信此书的出版，无疑又多了一份纪念意义……

其次，感谢赴美期间接受采访的秀茨的诸位同事、朋友和亲属。赴新奥尔良期间，有迪拉德大学前副校长蔡斯先生（Chase），迪拉德大学理学部主席阿布达拉·M.达尔维什（Abdalla M. Darwish）博士；之前曾在北京接受采访的迪拉德大学常务副校长道金斯博士（Phyllis W. Dawkins）、迪拉德大学对外交流办公室主任史密斯博士（Kimya Dawson-Smith）。

赴加州期间，感谢秀茨的朋友，CHUS基金会董事会主席戴安娜女士（Mrs. Dianne Hagas）热情洋溢的接待和恳谈。尤其，在CSUS期间，校长咨询委员会前成员之一贝芙·芬利（Bev.Finley）女士及丈夫、CSUS经济系的前资深教授威廉·克里斯特博士（Dr.William D.Crist）、CSUS前全球事务办公室主任琳达·布尼-萨尔哈德（Linda Bunney-Sarhad）博士分别应邀在家里接受采访。还要感谢CSUS校长助理万达·J.博奈尔（Wanda J. Bonnell）女士在校园接待和参观时所提供的帮助。

赴佛罗里达州立大学期间，感谢教育学院的院长马西·P.德里斯科尔（Marcy P.Driscoll）教授，副院长詹姆斯·P.桑普森(James P. Sampson)教授，发展中心副主任考特尼·R.斯达贝克(Courtney R. Stombock)先生，在百忙之中抽出时间接受采访。

赴塔斯基吉大学期间，感谢校长助理、秀茨的外甥女特马拉·利兹（Temara Lees）女士，秀茨的侄孙克里斯·李（Chris.Lee）及女友贾丝妮·菲拉尔（Jasmine Filar Shehon）接受采访。同时，感谢塔斯基吉大学档案馆提供的资料，尤其是达纳·R.切德勒（Dana R. Chandler）先生的帮助。

赴秀茨故乡亚拉巴马州格林县尤托镇期间，感谢秀茨家人的款待和提供的丰富的资料，尤其是妹妹和弟弟赫尔曼（Herman）博士。

本书在成书期间，有大量的英语录音和文字资料需要翻译，我的硕士研究生们鼎力相助，特别需要感谢的是：宁湘舒承担了主要的录音整理工作和翻译工作，黄田园做了前期资料整理工作，翟梦杰、高顺杰、单顺杰、闫倩、赵姗等同学做了部分翻译工作。

同时感谢在课题进行期间屡次提供智力支援的各路专家、各位作者和出版社的诸位同仁，尤其是闵惠泉老师、李水仙老师，还有为本书出版付出辛苦的赵欣编辑。

感谢出版社领导蔡翔社长、王进总编的大力支持。

当然，特别要感谢老校长刘继南教授的锐意创举，开辟女性领导力研究平台，让中国传媒大学诸位后生之辈在学术之余，经历了一次不可多得的文学创作之旅、一次跨文化交流之旅。

另外，不能不提及的是，感谢本书的合作者、美国迪拉德大学终身教授戴宏博士的倾心付出！

韩运荣

2014年暑期于北京

图书在版编目(CIP)数据

玛维琳娜·秀茨——美国迪拉德大学校长/韩运荣,戴宏著.
—北京:中国传媒大学出版社,2014.9
ISBN 978-7-5657-1126-8

Ⅰ.①玛… Ⅱ.①韩… ②戴… Ⅲ.①秀茨-人物研究
Ⅳ.①K837.125.46

中国版本图书馆 CIP 数据核字(2014)第 176287 号

玛维琳娜·秀茨——美国迪拉德大学校长

著　　者	韩运荣　戴　宏
责任编辑	赵　欣
责任印制	阳金洲
封扉设计	创意源文化艺术
出 版 人	蔡　翔
出版发行	中国传媒大学出版社
社　　址	北京市朝阳区定福庄东街 1 号　邮编:100024
电　　话	86-10-65450528　65450532　传真:65779405
网　　址	http://www.cucp.com.cn
经　　销	全国新华书店
印　　刷	三河市东方印刷有限公司
开　　本	670mm×970mm　1/16
印　　张	12.5
字　　数	139 千字
版　　次	2014 年 9 月第 1 版　　2014 年 9 月第 1 次印刷
书　　号	ISBN 978-7-5657-1126-8/K·1126　　**定　　价**　49.00 元

国家出版基金项目　教育部人文社科重大委托项目

探寻世界女子高等教育的发展轨迹　展现大学女校长的治校理念与风采

“世界大学女校长　女子大学”丛书

总顾问　陈至立　　主编　刘继南

丛书涉及23个国家的女子高等教育　34个国家80余位大学女校长

吴贻芳——金陵女子大学校长
谢希德——复旦大学校长
常沙娜——中央工艺美术学院院长
庞瑶琳——北京化工学院院长
陈乃芳——北京外国语大学校长
回春茹　张礼玺——中华女子学院院长
山红红——中国石油大学校长
胡大白——黄河科技学院院长
秦　和——吉林华桥外国语学院院长
包德明——台湾铭传大学校长
钟期荣——香港树仁大学校长
成嘉玲——台湾世新大学校长

阿丽扎·申哈——以色列厄梅克学院院长
戴·叶布瑞——澳大利亚麦考瑞大学校长
居尔松·萨拉莫——伊斯坦布尔科技大学校长
杰奎琳·里博格特——美国埃莫森学院校长
克里斯汀——冰岛大学校长
坤仁·苏查达·吉拉南——泰国朱拉隆功大学校长
玛利亚·埃莱娜·纳扎雷——葡萄牙阿威罗大学校长
玛娜娜·萨那泽——格鲁吉亚大学校长
玛维琳娜·秀茨——美国迪拉德大学校长
曼珠·米舍尔——尼泊尔新闻与大众传播学院院长
英格瑞德·莫西斯——澳大利亚新英格兰大学校长
朴东顺——韩国东西大学校长
水田宗子——日本城西大学校长
张蕴礼——夏威夷大学希罗分校校长

朱迪斯·甘丽雅——新西兰梅西大学校长
朱迪斯·伍兹沃斯——加拿大康考迪亚大学校长
朱慧琼——津巴布韦非洲女子大学董事长

澳大利亚大学女校长
大学女书记们
大学女校长们
俄罗斯大学女校长
法国大学女校长
非洲大学女校长
芬兰大学女校长
韩国大学女校长
美国常春藤大学女校长
美国五姐妹女子学院校长
塞尔维亚大学女校长
意大利大学女校长
印度大学女校长
英国大学女校长
中国大学女校长

世界女子大学
美国女子大学
韩国女子大学
日本女子大学
中国女子高等教育

智慧的靓影——世界大学女校长论坛精彩瞬间

传媒人书店
（For IOS）

微信关注我们

访问我们的主页

丛书相关资源和中国传媒大学出版社信息　网站下载 http://www.cucp.com.cn

世界大学女校长论坛及丛书信息　网站下载 http://lady.163.com/special/sense/nvxiaozhang.html